湛庐文化 Cheers Publishing
a mindstyle business
与 思 想 有 关

YOCHAI BENKLER YOCHAI BENKLER Y

互联时代“合作、共享与创新”的推动者

YOCHAI BENKLER YOCHAI BENKLER YOCHAI BENKLER

尤查·本科勒

YOCHAI BENKLER

全球顶尖互联网研究机构的掌门人

尤查·本科勒是哈佛大学法学教授、TED 演讲人，目前执掌全球顶尖互联网研究机构——哈佛大学伯克曼互联网与社会研究中心。

还在耶鲁大学教书时，本科勒就建立了一个关于“合作”的研究小组，研究音乐下载中的自愿支付。2007 年年底，本科勒来到哈佛大学，开始跟马丁·诺瓦克领导的进化动力学项目共同探讨在线合作。随后，本科勒在哈佛大学伯克曼互联网与社会研究中心组织了一个为期 3 年的以“合作”为主题的研讨小组，小组成员的专业涉及进化生物学、计算机科学、心理学、社会学、工商管理、教育和人类学等众多领域，真刀真枪地开展多学科研究。

本科勒还努力通过参加各种各样的研讨会来吸收其他学科的先进思想。2004 年，他去圣塔菲研究所参加了关于行为和制度共同进化的多学科研讨会。2008 年，他参加了夏威夷系统科学国际会议(HICSS)。

他还参加了由邓肯·瓦茨组织的“大众生产和体系设计”工作小组。2009年，本科勒与他人共同组建拉德克利夫研究院“合作与人类体系设计”研讨小组，尝试着把研究非计算系统的人、研究计算机理设计的人（他自己所在的领域）和研究合作的人组织到一起。

后来，本科勒在圣塔菲研究所进行公开演讲，发表了关于“合作”的研究成果，各领域的专家都给予了高度评价。

牛津互联网学院“终身成就奖”获得者

自20世纪90年代以来，本科勒一直是研究互联网时代知识传播、知识产权管理的重量级人物。《经济学人》《华尔街日报》《纽约时报》《时代周刊》都专题报道过他的研究成果。

本科勒是知识共享理念的推动者与践行者，他的《网络财富》（*The Wealth of Networks*）一书就是“知识共享”（Creative Commons）版权许可的。本科勒说，他不希望有人因为买不起这本书而看不到它。《网络财富》被《策略与商业》杂志评为“关于未来的最佳商业图书”。“知识共享”运动发起人劳伦斯·莱斯格说：“本科勒教授是‘信息时代最了不起的天才’。”

由于他的杰出贡献，本科勒2006年获得了由非营利性组织“公共知识”颁发的IP3奖，2007年获得电子前哨基金会“先锋奖”，2011年获得福特基金会“远见奖”。2012年，本科勒获得牛津大学互联网学院“终身成就奖”。

YOCHAI
BENKLER

与克莱·舍基
齐名的互联网思想家

本科勒对互联网的研究，是从知识传播和知识共享起步的。他发现，像自由和开源软件或维基百科这样的大规模合作，并不是一个无关紧要的另类网络故事，而是代表着重要的发展方向。只有沿着这个方向走下去，才能实现向网络社会和网络经济的转变。

通过细心观察和深入研究维基百科、丰田公司的车间管理、芝加哥的社区警务计划和西南航空的运营管理等合作体系，本科勒对于互联时代的“合作、共享与创新”模式，提出了一些让人耳目一新的见解。

克莱·舍基说：“在诸多讨论互联网对社会的影响的学者中，尤查·本科勒是最睿智的思想家。”

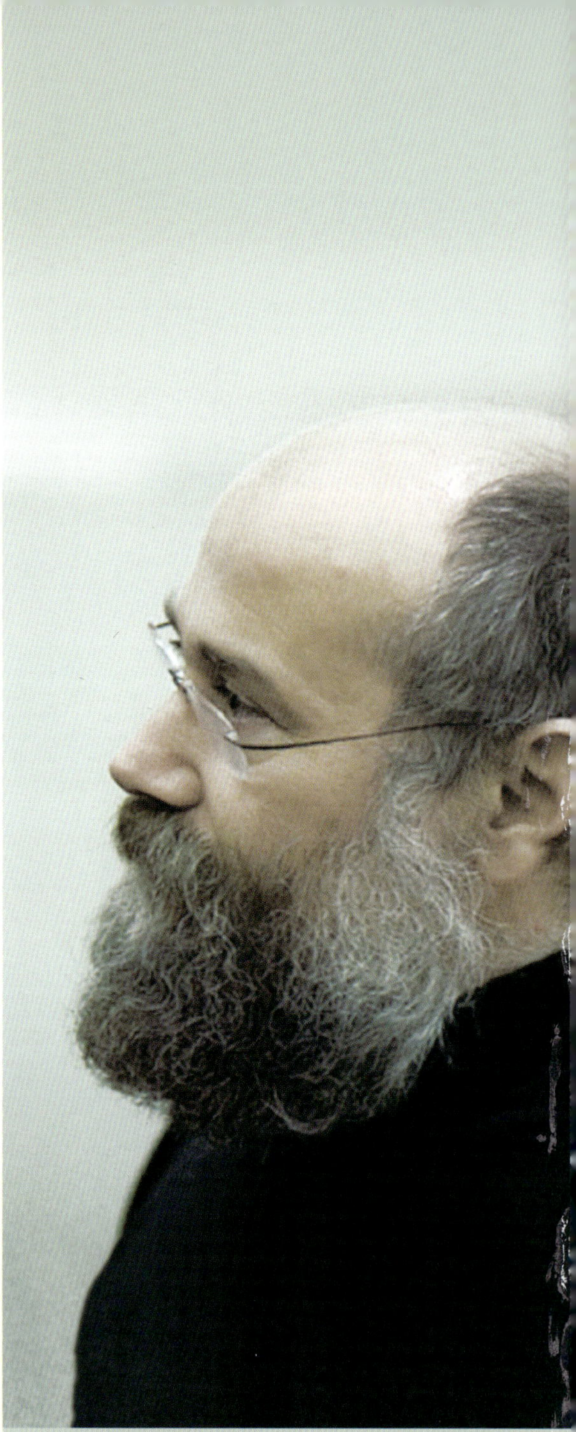

湛庐文化 Cheers Publishing
a mindstyle business 与思想有关
特别制作

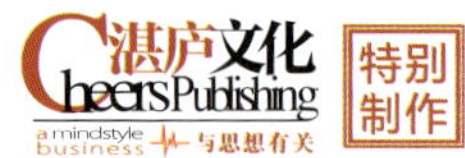

THE PENGUIN AND THE LEVIATHAN

合作的财富

[美] 尤查·本科勒（Yochai Benkler）◎著
简学◎译

浙江人民出版社
ZHEJIANG PEOPLE'S PUBLISHING HOUSE

关于合作的密码你了解多少？

1. 托马斯·霍布斯在《利维坦》一书中宣扬的人性观是什么？（　　）

   A. 人性本善

   B. 人生来就是一块白板

   C. 人性本恶

   D. 人本自私

2. 理查德·道金斯在《自私的基因》一书中传达的主要观点是什么？（　　）

   A. 所有生物的进化规律可以照搬来应用在人类进化上

   B. 凡是经过自然选择进化而来的任何物种都是自私的

   C. 人类生来就是善于合作的，这是由基因决定的

   D. 基因是决定人类自私本性的根本因素

3. 在达尔文看来，人与其他生物的最重要区别是什么？（　　）

   A. 拥有智力

   B. 会制造工具

   C. 道德感或良心

   D. 拥有文化

4. 当前众多社会体系或组织是建立在哪种人性观基础上的？（　　）

A. 人的天性是自私、自利的

B. 人类天生是善于合作的

C. 需要严格的规范性程序对人类进行监督和管理

D. 乌合之众

5. 在尤查·本科勒看来可以促进合作的因素有哪些？（　　）

A. 基因与文化的协同进化

B. 共情与群体认同

C. 积极沟通

D. 道德与行为规范

想要获取促进人类合作的密码吗？
扫码获取“湛庐阅读”APP，
搜索“合作的财富”查看测试题答案！

推荐序一

合作创造价值

汤道生

腾讯公司社交网络
事业群总裁
集团高级执行副总裁

THE PENGUIN
AND
THE LEVIATHAN

当克莱·舍基在《人人时代》[①]一书中毫无保留地赞颂 Meetup.com 上的妈妈社群和维基百科时，不少人已经感觉到，一场颠覆既有社会秩序的新革命，正随着互联网的普及悄然而至。这些新的组织让我们突然意识到，一个群体可以在不追求金钱、没有严密控制的条件下运行，还能创造巨大的价值。尽管克莱·舍基仅仅用“爱”概括“人人时代”形成的动因，但我们已经感觉到了这一波奔向未来的趋势。

现在，尤查·本科勒在《合作的财富》中将克莱·舍基的观察推进到更深的层面，为我们揭开了最后一层面纱。在作者看来，Linux 操作系统的标识“企鹅”是互联网精神的最佳诠释，寓意开放、分享，甚至可爱；而人造怪兽“利维坦”（Leviathan），则是极权、恐怖以及令人憎恶的。既然“企鹅”和“利维坦”都由人类创造，为什么会有如此巨大的差别？本科勒解释说，工业思维和互联网精神本质的区别，来自我们对“人性”的理解。

如果你相信人性本恶，那么你一定会推论出，为了把“人性恶”控制在最小范围，人们愿意创造一个组织，让这个组织来“管理”人群。这就是霍布斯设想

① 本书中文简体字版已由湛庐文化策划、中国人民大学出版社出版。——编者注

的社会组织方式，工业社会的制度设计一直遵循这个原则。

即便是“自由市场经济”，在亚当·斯密所谓“看不见的手”的背后，也依然假设“人本自私”，正如“我们的晚饭并非来自屠夫、酿酒师和面包师的恩惠，而是来自他们对自身利益的关切”。工业革命发生数百年来，人类社会总是在极权和放任自流两端之间摆动，前者扼杀创新，后者助长贪婪。在人性恶的世界里，一定只有“零和博弈”。

尤查·本科勒并没有否认人性中“恶”的存在，却将话题引入了一个更高的层面。他清晰地指出，人类的本能中已经蕴藏着“合作”的基因。人们可以集合到一起为自己创造巨大的价值。我们只需要换一种思维方式，重新设计制度和工具，“合作”的本能就能够驱动人类创造更大的价值。

尤查·本科勒看到，互联网就是一个抛弃监控、薪酬、奖惩等工业时代的旧体系，驱动人类以“合作”创造巨大价值的新文化、新制度、新平台。互联网像页岩油气开采技术一样，释放了在“利维坦”式封闭体系下没有的社会资源和人才时间的冗余，创造了崭新的社会创新格局。在互联网开放体系下，技术促成了超越传统组织和地域的协作平台。只要有适当的系统设计，就能把这些产能释放出来，结果是社会资源利用效率更高，自我改善速度更快。

近年来，从 Linux 到 Facebook，从苹果 App Store 生态系统到 Android 联盟……大量的案例告诉我们，以控制为基础的体系在管理日益复杂和相互关联的社会经济时，已经越来越无能为力。当“利维坦”开始瓦解时，互联网时代的领导者们面临的共同任务则是“如何获取合作的财富”。尽管“合作”是人的本能，但我们“仍然需要一个参与、沟通的体系，使大家拥有共同的目标和认同感，展现心灵深处协作、慷慨的一面”。

尤查·本科勒在书中提出了实现合作的 7 大要素，他大量引用了生物学的语言，比如群体、基因、适应等，让人、机器、社会良好地纳入一个完整的思考框架。合作是天性，共情是基础，沟通是桥梁，道德、公平与遵从是尺度，信誉社会是愿景。人彼此顾及他人的存在，并非什么新的发现，也是中国古老智慧的核心内涵。

放弃控制资源，转而培育社会资本，构建开放平台，推行消费者参与等一系列“社会化运营”，将是企业决胜于未来的不二法门。实际上，腾讯公司同样参与到了这股全球新浪潮当中。在过去的几年里，腾讯开放平台给合作伙伴的分账收入超过了 30 亿元人民币，这还只是一个从零开始的新市场。腾讯还将进一步开放云的能力，把多年积累的资源虚拟化，将网络与安全技术开放给更多的创业者，让他们能够低门槛启航。2011 年，腾讯创始人马化腾先生在腾讯开放大会上对外表示，希望通过开放平台再造一个腾讯——通过分成带给合作伙伴超过 200 亿元人民币的收入。这就是“企鹅”战胜“利维坦”的证明。

未来，开放、分享、合作、共赢，将成为全社会的价值主张，也将重新构建新的商业伦理、新的社会关系以及人类全新的知识体系。在此基础上，将缔造一个“有情感、有共识、有欢乐、有秩序”的新时代。

推荐序二

人，到底是无私的，还是自私的？

胡泳

北京大学新闻与传播学院教授
洞察中国社会数字化进程先行者

钟摆终于摆到这一边了吗？数个世纪以来，人类社会按照对人性的一种不敢恭维的认识而运行，这种认识就是：人是一种内在的自私动物，无论生活在哪里都是一样。经济学把这桩事情看得最透，所以才有所谓的“经济人”假设，即把人看作关注自我、物欲膨胀的生物，不断试图通过理性计算以达到效用最大化。其实我们也都清楚，这是一种漫画化的说法，然而，在市场和政治的“真实世界”中，“经济人”假设的实际运行好得让我们足以接受它。毕竟，谁没见识过那些令人厌恶的、毫不利人专门利己的、贪婪的家伙！

结果就是，现存最根深蒂固的社会结构，即从上至下的商业模式、惩罚性的法律制度、对所有事务采取的市场化取向（从教育改革到环境监管）都建立在“人是自私的”这一假设之上。在此种社会结构中，“人为财死，鸟为食亡”是金科玉律；“只问成败，不问是非”是社会认知；人们只被两样东西操控：自由市场的无形之手，或是高压政府的铁拳。

然而，在过去 20 余年里，“经济人”模型终于显现出了疲态，一批学者开始致力于提出新的解释人类社会的范式。在数以百计的不同文化中进行的研究显示，

THE PENGUIN
AND
THE LEVIATHAN

大多数人的合作能力要比先前假定的高得多。“理性人”的神话被戳出了很多漏洞，虽然新的范式也还没有赢得主流承认，无论是在经济学家、政治家还是普通人当中都是如此。哈佛大学教授尤查·本科勒的《合作的财富》试图为此振臂一呼，他想告诉人们：合作是怎样战胜自我利益的。

在这本书中，本科勒列举了来自神经科学、经济学、社会学、进化生物学、政治学等学科的一系列新发现，并且提供了大量真实生活的案例，试图证伪“人是自私的”这一命题，志向绝不在小，其目的是要论证：一旦人类懂得驾驭合作之力量，就可以以之改进商业流程、设计更为智能的科技手段、改革我们的经济体系、将对科学的志愿贡献最大化、减少犯罪、提升公民运动的效力等，不一而足。

本科勒的全部要旨在于，众多的科学研究成果和无数的基于互联网的案例揭示了，人类并非经济学家所想象的那种无可救药的、自私自利的人，也不是社会逆行者，而是拥有与生俱来的合作本性，可以在各自认可的社会结构中携手行动，而不是陷入永无休止的竞争。

本科勒乐观地写道：“Linux 的吉祥物企鹅 Tux 正在一点一点地瓦解霍布斯在《利维坦》一书中宣扬的人性观。”这种人性观当然就是：从根本意义和普遍意义上说，人是自私的。管理人的唯一方法就是建立政府并由它对人进行控制，这样，人们就不会在盲目追求自利的过程中伤害到彼此；或是让彼此的生活悲惨到难以容忍的地步。同时，合作精神也在反对亚当·斯密提出的应对人之自私的另外一个解决方案——“看不见的手”。毫无疑问，合作是人类内在的本性，我们要做的，是设计合适的制度和政策以发扬光大这种本性。

本科勒在他的上一本书《网络财富》中着重论述了源自国家、市场两大传统的资源分配模式之外的第三种合作努力，他称之为“共同对等生产”（commons-based peer production）。在他看来，由个人及或松散或紧密的合作者进行的非市场化、非专有化的生产，在信息、知识和文化交换中所起的作用日益加大，维基百科、开源软件和博客圈都是例子。《网络财富》虽然火花四射，却是以学术方式撰写的大部头著作，读来令人头疼。而《合作的财富》一反常态，充满了各种逸事，脚注极少，且一本参考文献都没有，与其说它是对自由市场的意识形态及其认知前提的学理式的解构，不如说是一本有关人类合作的新科学发现的普及版。书中的例子，从丰田的管理文化、西班牙的村民自治，到唱片的自主定价和GNU/Linux数字化礼品经济，都表明合作的可行性在大范围内不断显现。那么，合作赖以运行的底层基础是什么呢？遗传？文化？法律和公共政策？商业组织？社会规范？

真正的答案可能是：所有这一切。本科勒一开始就以进化生物学挑战了理查德·道金斯[①]的名作《自私的基因》，以及自然选择只发生在个体层面而非群体层面的说法。他引用哈佛大学生物学教授马丁·诺瓦克（Martin Nowak）[②]的话：“也许进化最引人注目的方面就是，它能够在一个竞争性的世界当中生成合作。这样，我们也许可以在突变和自然选择这两个进化的基本原则之外，加上第三个：自然合作。”

本科勒接着讨论了合作的心理与社会影响，沟通的加强如何导致了共情和团

① 英国著名演化生物学家，牛津大学教授，讲述其科学家养成之路的自传《道金斯传》（全2册）中文简体字版已由湛庐文化策划、北京联合出版公司出版。——编者注

② 哈佛大学数学与生物学教授，进化动力学中心主任，其著作《超级合作者》中文简体字版已由湛庐文化策划、浙江人民出版社出版。——编者注

结性，以及在成功的公地管理中公平和信任的重要性。如何框定公平同样很重要，例如，我们能接受幸运者的中奖、企业高管的高薪，却无法容忍排队中的插队行为。在《合作的财富》全书中，没有一个单一的、总体性的论述，作者更像一位导游，通过不同的学术研究和许多原型系统，带领我们穿行于斑驳陆离的人类合作风景。

"合作"讲得很多，但我失望的是，"利维坦"着墨甚少。那只"利维坦"，即以国家为基础的从上至下的命令、控制和强迫系统，在书中只是一个陪衬物。在《网络财富》中，本科勒对公地的政治含义有很多论述，本来我期望，在《合作的财富》中通过带进"利维坦"这个隐喻，他能够更加深入地探索在数字网络与合作的时代，国家权力会有何变化，但可惜我未能读到。

不过瑕不掩瑜。过去20多年，想了解学者在人类合作上有何发现，这本书是最好的导读；想了解合作会在21世纪的生活中占据何等地位，这本书有最好的预测。让我们期待，有关人类有能力合作的论证，能够成为更多人头脑中的常识，特别是政治家和经济学家。企业家也是一样：他们是否能够重新思考人的本性，而改变那些通过激励结构——既包括奖励，也包括惩罚，来管理人的古老做法？

推荐序三

人性的较量

叶航

浙江大学经济学教授
博士生导师
浙江大学跨学科社会科学研究中心主任

THE PENGUIN AND THE LEVIATHAN

30 多年前，英国生物学家理查德·道金斯以一本惊世骇俗的《自私的基因》让世界为之震惊。道金斯在这本书中用一个科学家的口吻告诉大众："如果你认真地研究了自然选择的方式，你就会得出结论，凡是经过自然选择进化而产生的任何东西，都应该是自私的。我们可以这样预期：当观察狒狒、人类或者其他所有生物的行为时，这些行为应该都是自私的。"因此，"对整个物种来说，'普遍的爱'和'共同的利益'等在进化论上简直是毫无意义的概念"；"如果你想建立一个人与人之间慷慨大度、相互无私合作、为共同利益而努力的社会，那你就不要指望生物学特性能帮上什么忙"。

其中的逻辑，道金斯在书中这样告诉我们：一个自私的个体可以比一个无私的个体获得更多的生存资源，从而可能养活更多的后代。假定两者的差距为 0.001，即一个自私者每一代养活的后代仅比无私者多 1‰，即使一年只繁殖一次，只要经过 23 400 年（要知道，就地质年代而言，这是非常短暂的，人类进化的历史起码超过 700 万年），自私者在种群中所占的比例就可以增加至 99.99%。从统计意义上讲，无私的个体事实上已经被自然选择无情地淘汰了。

30多年前，我在大学念书时第一次读到了《自私的基因》一书，它带给我心灵上的冲击、痛楚与绝望，至今回想起来仍然历历在目、难以释怀。它使得柏拉图、休谟、康德等先哲为我们塑造的有关人类德性的美好形象，顷刻之间陷于灭顶之灾。生活在这样一个由极端自私的个体所组成的世界里，让人不寒而栗。美国保守主义评论家安·柯尔特（Ann Coulter）在其畅销书《无神论：自由主义的教堂》中写道："逃脱道德的约束，做你们想做的任何事情吧！压榨你的秘书，杀死你的奶奶，因你的孩子有缺陷而堕胎——达尔文说这对人类有益！"

当然，达尔文从来没有说过这样的话。但在《物种起源》中，达尔文为我们描绘的生物进化很难说不是这样一幅图景。不过有一点可以肯定，达尔文从一开始就不认为，他所揭示的生物进化规律，可以完全照搬用来说明人类的进化问题。在《人类的由来》中，达尔文这样描述两者的区别："人在部分获得那些把他和低等动物区别开来的理智和道德能力之后，在体格方面通过自然选择或任何其他方法而发生变化的倾向就几乎停止了。因为，通过这些心理能力，人从此能够用他不再变化的身体与不断变化的宇宙和谐共处。"

根据美国社会心理学家大卫·洛耶（David Loye）的研究，在《人类的由来》中，"适者生存"这个词汇只出现了两次，而其中有一次还是达尔文提到他在《物种起源》中夸大了它的重要性，"竞争"在整本书中也只出现了9次。与此形成鲜明对比的则是：在《人类的由来》中，"合作"出现了24次，"同情"出现了61次，"道德"出现了90次，而"爱"则出现了95次。究竟发生了什么情况，让达尔文用来描述人类进化的词汇与他描述一般生物进化时所用的词汇出现了如此之大的差别呢？

达尔文认为，“在人和低等动物之间的种种差别之中，最为重要而且其重要程度又远远超出其他差别的是道德感或良心”；人作为一种“道德的动物”与一般动物最大的区别就在于，人类具有一种其他动物所不具有的道德反省力和道德判断力，“所谓有德性的动物就是这样一种动物，他既能就他的过去与未来的行为与动机做些比较，又能分别地加以赞许或不赞许。我们没有理由来设想任何低于人的动物具备这种能力”。

为了解释人类道德感的起源，达尔文在《人类的由来》中提出了一种不同于他在《物种起源》中所阐述过的另一种含义的“自然选择”。他写道：“一个部落，如果拥有许多成员，由于富有高度的爱护本族类的精神、忠诚、服从、勇敢与同情心等品质，几乎总是能随时随地进行互助，而且能为大家的利益而牺牲自己，这样一个部落会在绝大多数的部落之中取得胜利，而这不是别的，也就是自然选择。在整个世界上，在所有时代里，一些部落总是在取代另一些部落。道德既然是前者取胜的一个重要因素，道德的标准就会到处都倾向于提高，而品质良好的人的数量也会到处倾向于增加了。”

这就是后来被人们称为“群体选择”的进化模式，它与达尔文在《物种起源》中提出的进化模式，在演化动力学上存在着重大区别。达尔文认为：“种种社会性的本能——人的道德组成的最初原则，在一些活跃的理智能力和习惯的影响的协助之下，自然而然地会引向‘你们愿意别人怎样待你们，你们也要怎样待别人’这一条金科玉律，而这也就是道德的基础了”；“在人的一切属性中，它是最为高贵的，它使人们毫不踌躇地为他的同伴去冒生命危险，或者在经过深思熟虑之后，在正义或道义的单纯而深刻的感受的驱策之下，为某一项伟大的事业献出生命”。

但是，20 世纪 60 年代以后，一个被称为“个体选择”的理论却逐步成为生物学家的主流观念，其肇始者是美国进化生物学家乔治·威廉斯（George Williams）。1963 年，威廉斯在《适应与自然选择》一书中说：“在自然选择理论的使用中似乎普遍存在着一种混乱状态，很多生物学家所理解的适应，经常与群体有关，而且还经常需要个体成员为了群体的福利而损害自己的利益。”威廉斯认为，“自然选择是生物个体对环境的适应，而除了极少数的例外，适应通常都是个体的性质，而不是群体的性质”，“在正常情况下，个体与自己后代之间起作用的行为和生理学机制是仁慈、友爱和互相合作；但是，在不相干的个体之间，它们彼此采取公开对抗的形式，或者最多表现为一种相互容忍的中立形式。一般来说，这就是对于一个物种之内个体关系的精确描述”。

《适应与自然选择》在 1963 年一经问世就在生物学领域引起了巨大反响。到 20 世纪 70 年代初，主流生物学家已经完全接受了威廉斯的观点。在表明个体层次以上的有效选择可以被排除时，引用威廉斯的论述甚至成了一种时尚。正如道金斯在《自私的基因》前言中所说：“我认为，从自然选择的角度研究生物进化论，以从生物的最低层次的选择入手最为合适。在这一点上，我深受威廉斯的名著《适应与自然选择》的影响。”事实上，生物个体的自私性正是个体选择理论在逻辑上展开的必然结果。

不过，在个体选择理论大行其道之时，一些非主流的生物学家，比如哈佛大学的爱德华·威尔逊（Edward Wilson）[①]，自从 20 世纪 70 年代创立社会生物学至今，在将近半个世纪的时间里一直坚强地，甚至是孤独地捍卫着达尔文的群体选择理论。20 世纪末至 21 世纪初，威尔逊在生物学领域之外得到了一批支持

① 社会生物学之父，著名博物学家，其重磅力作《半个地球》《人类存在的意义》中文简体字版已由湛庐文化策划、浙江人民出版社出版。——编者注

者，包括哲学家、政治学家、经济学家、社会学家、人类学家和演化动力学家，等等。本书作者尤查·本科勒，也是其中重要的一员。

2010 年 8 月，威尔逊和诺瓦克等人在《自然》杂志发表的一篇论文中，对个体选择理论提出了全面批评。2011 年 4 月，以道金斯为代表，来自全球近百所大学和研究机构的 137 位生物学家、动物学家和遗传学家，接连在《自然》杂志发表了 5 封措辞强硬的信件。他们认为，“威尔逊和诺瓦克完全误解了生物进化理论”，并指责“威尔逊甚至不知道自己在说些什么”。威尔逊在接受《波士顿环球报》记者就此事的采访时说：“如叔本华所言，所有新思想都将经历三个阶段，首先是遭到嘲笑或者漠视，然后会激起愤怒，最后则被认为事情原本就是如此。”威尔逊告诉记者，“他目前正处于这一过程的第二阶段”。事实也许真如威尔逊所言，20 世纪 70 年代，威尔逊创立的社会生物学在主流生物学界遭受了长期的冷漠和忽视，直至今日。

这场学术争论究竟将以哪一方获胜而终结，现在做出判断也许还为时过早。但我们愿意相信，历史将青睐权威的挑战者，而不是相反。这是科学发展的规律，而且是科学史上一再发生并被证明的事情。不过，这一过程也许是曲折而漫长的。就像德国物理学家、量子力学的创始人马克斯·普朗克（Max Planck）在《科学自传》中所说的：“一个新的科学真理取得了胜利，与其说是通过说服它的反对者使他们认识和相信这一真理，还不如说是因为它的反对者最后都死了，而熟悉这一真理的新一代人成长起来了。”

这本《合作的财富》就是与《自私的基因》进行抗争和较量的产物。从某种意义上讲，它们之间所进行的不仅是学术思想的较量，更是人性的较量。正如本科勒在书中所说的：“事实证明，‘如果你想建立一个人与人之间慷慨大度、相互无私合作、为共同利益而努力的社会，那你就不要指望生物学特性能帮上什么忙’这种说法是错误的。实际上，人类要比过去所认为的复杂得多，这一切都是大自然的造化。在过去的 20 多年里，为了解释自然合作现象，进化生物学已提出很多不断改进的模型：简单直接互惠、间接互惠、网络与隶属关系、群体选择或多级选择，等等。事实证明，当我们与他人合作时，我们大脑的激活模式是不一样的。对于很多人来说，合作会让我们感到愉快。事实证明，我们可以相信他人并付诸实施信任他人的行动，我们可表现出值得他人信赖的行为。当然，不是所有人都能做到这一点，也不是任何时候人们都能做到这一点。但是，在解决大规模、复杂的人类合作问题上，人类在相互信任方面的表现尤其如此。”

合作在很大程度上依赖无私的行为，这就是人性中“善”的来源。人类不可能只是霍布斯丛林中只知道撕咬的野兽，他们也可以成为善待他人的天使。这就是本科勒试图通过《合作的财富》这本书告诉我们的真理：善，使人类成为这个星球上最善于合作的物种，从而创造出如此辉煌灿烂的文明，并成为宇宙中的奇葩。

目录

THE PENGUIN AND THE LEVIATHAN

How Cooperation Triumphs Over Self-Interest

Part 1

实现合作的 7 大关键要素

Part 2

互联时代的合作、共享与创新

THE PENGUIN AND THE LEVIATHAN

How Cooperation Triumphs Over Self-Interest

引 言

合作是人的天性

“利维坦”和“看不见的手”都是建立在“人本自私”这一假设基础上的。那么，我们又该如何解释周围随处可见的合作行为呢？越来越多的证据表明：人类在很大程度上是更善于合作的，是无私的。

西南航空的运营管理，丰田公司的车间管理，芝加哥的社区警务计划，维基百科或者 Linux，它们有哪些共同之处呢？这个问题的答案是：它们都依赖于人与人相互合作的体系，而这种体系不是完全依靠薪酬激励、惩罚或者层级控制运转的。丰田公司以便于彼此协作为原则进行车间布置，在信赖与长期合作的基础上建立供应商管理体系，而不是通过工艺工程师和竞争性招标来严格地确定供应商。20 多年来，丰田模式一直被视为最伟大的创新，很多人认为这是丰田汽车公司成长为世界最大汽车制造商的主要原因（只是偶尔会遇到一点麻烦）。类似地，西南航空在很多方面都超越了它的竞争对手，它以相对自治、高度信任、公平对待为基础，在员工中培养团队协作精神。20 多年来，芝加哥警方不是更努力地打击犯罪，而是致力于建立社区警务模式，住在附近的居民和警察齐心合力，更有效地预防了犯罪行为的发生。维基百科完全依靠志愿者维护内容，任何人都可以奉献自己的时间和知识，没有报酬，在内容编辑方面不受控制。开源软件Linux则依靠志愿者和有偿贡献者的广泛合作，成果由大家共享而不是仅仅归属于某个人。

这些组织的运作方式，完全违背了长期以来西方社会关于人类动机的最基本假设：从本质上看，人是自私的动物。几十年来，经济学家、政治家、立法者、企业高管和工程技术人员的一切行为都表明，所有的体系和组织都必须围绕激励、奖励和惩罚来构建，似乎只有这样人们才能达成公众、公司或者社区设立的目标。

- 如果你想要减少犯罪，就要加大惩罚力度，就像加利福尼亚的“三振出局法”（three-strikes laws）一样：如果某个人有三项重罪指控成立，就会被判处终身监禁。
- 如果你想让员工更努力地工作，就要将报酬与绩效挂钩，并密切监督他们的工作效果。
- 如果你想让高管为股东的利益考虑，就要分给他们一些股份。
- 如果你想让医生更好地为患者服务，就要警告他们不好好履行职责会吃官司，这样，他们就会因为害怕打官司而善待患者。

所有这一切都说明了一个道理：我们的所作所为都在被自身利益所左右，因此，监督、奖励和惩罚是必不可少的。可是，我们身边随处可见的真实情况却是人们在以协作的方式开展合作，他们做事稳妥、行为公正、为人慷慨，关心他们的群体或团队，总是努力做一个以善报善的好人。在互联网上，这种情况更为突出，比如，维基百科和开源软件就运转得非常成功。Linux的吉祥物企鹅Tux正在一点一点地瓦解霍布斯在《利维坦》①一书中宣扬的人性观。

艾伦·格林斯潘（Alan Greenspan）在2008年10月23日向美国众议院监管和政府改革委员会所做的证词如下。

> 艾伦·格林斯潘：我们很多人，特别是我，都曾希望能够借助贷款机构的自私来保护股东的权益，但我们现在非常怀疑这一点。
>
> 参议员亨利·韦克斯曼（Henry Waxman）：这是因为你的世界观和你的思想意识出了问题。它不再适用了。
>
> 艾伦·格林斯潘：确实如此。这也是让我感到震惊的地方，因为过去的40多年间，我的世界观和思想意识特别行之有效。

曾为美联储主席的格林斯潘对利己主义力量的坚定信仰，建立在社会上被广泛认可、长期存在，却是错误的两个假设的基础之上。

第一个假设就是为哲学家霍布斯带来灵感的“利维坦”：从根本意义和普遍意义上说，人是自私的。管理人的唯一方法就是建立政府并由它对人进

① 利维坦在《圣经》中是一种象征邪恶的怪兽；在《希伯来圣经》中是一头强到足以与撒旦相提并论的强大怪兽；在《约伯记》中是一头性格冷酷无情的巨大怪兽。——编者注

行控制，这样，人们就不会在盲目追求自利的过程中伤害到彼此，或是让彼此的生活陷入悲惨的境地。

第二个假设就是亚当·斯密提出的应对自私的另外一个解决方案："看不见的手"。亚当·斯密在《国富论》中指出，因为人天生就是自私的，人的决策都是在权衡利弊之后做出的，所以我们在自由市场上的行为最终将给大家带来共同利益。换句话说，在追求自利的过程中，我们最终将满足彼此的需要。这并不是因为我们会为对方的利益着想，而是因为这样做能实现互惠互利。

尽管他们的表述相去甚远，但是"利维坦"和"看不见的手"的出发点是一样的，即认为人类都是自私的。前者试图通过监督和惩罚限制人的自私行为，而后者则认为，在市场上自私将导致人们的行为有利于共同利益。

西方的另一种主要政治观点来源于众多思想家的著作：法国哲学家让-雅克·卢梭和苏格兰哲学家大卫·休谟的著作，亚当·斯密的另外一部重要著作《道德情操论》，以及无政府主义哲学家皮埃尔·约瑟夫·普鲁东（Pierre-Joseph Proudhon）和彼得·克鲁泡特金（Peter Kropotkin）的著作。大体上说，这种让人感到很舒服的观点认为，人从本质上看是具有同情心和怜悯心的，这迫使我们不得不在行为上表现得更有道德、更愿意合作或者更加慷慨，而不是仅考虑自身的利益。这并不是说我们每个人都要成为圣人，而是说我们是有道德的，不必沦为政府"利维坦"的忠实奴隶，或是任由市场这只“看不见的手”摆布的机器人，抑或是致力于共同利益的、像蜂群一样的完美集体主义群体的一员。为了向 Linux 的企鹅标志 Tux 表示敬意，我们将这一选择称为“企鹅”，指代“合作”。

“利维坦”与“看不见的手”之间的轮回

从当代欧洲和北美的历史来看，它们的社会、政治和经济体制一直在交替发展，要么走向“利维坦”，要么以“看不见的手”为基础。从 17 世纪到 18 世纪，欧洲的君主独裁统治都可以视为不太成功的“利维坦”，只是在程度上略有不同（仅仅是将“政府”换成了“君主统治”）。正是“利维坦”在履行控制职能方面缺乏效率，才使得“看不见的手”和重视社会行为的“合作”得以出现与发展，但是，后者的发展或多或少有些不太正规。到了 19 世纪，随着君主统治的日趋没落和工业革命的爆发，以及随后的自由贸易兴起，“看不见的手”威力尽显①。“看不见的手”在欧洲和北美发威了很长一段时间，但 19 世纪不断出现的恐慌与崩溃，导致它的威力逐渐被削弱。1929 年，随着市场的崩溃和大萧条的来临，“看不见的手”失效了。

随后，钟摆开始猛烈地向另一个方向摆去。德国的工业化进程因为第一次世界大战而遭受沉重打击，而俄罗斯则完全否定了过去，直接从沙皇的昏庸统治转向斯大林模式。“利维坦”化身为法西斯主义，昂起它丑陋的头，表现出空前绝后的残忍。在美国、英国和其他民主国家，“利维坦”则以

① 英国所遭受的负面影响最为严重，恩格斯和查尔斯·狄更斯对此有详细的描述。

和善的面目出现：迅速发展起来的福利制度和形形色色的政府机构——美国出现了“罗斯福新政”，西欧也出现了类似的运动。

从20世纪50年代末到60年代初，由于不良的官僚作风、畏手畏脚和效率低下，钟摆又开始回摆。到了80年代，我们再次完全倒向自由资本主义：里根和撒切尔政府；以效率和自由贸易为目标的欧洲共同体；以及世界银行和国际货币基金组织提出了一系列政策主张，被概括为“华盛顿共识”。“看不见的手”似乎取得完胜。甚至连比尔·克林顿和托尼·布莱尔领导的美国和英国的中左翼政府，都在忙于废除福利制度：以私营的、基于市场的组织代替政府机构，撤销对曾在纽约和伦敦昌盛一时的金融市场的管制。弱化国家作用并让位于市场的利己主义趋势在小布什时代达到巅峰。毫无疑问，我们今天正面临一场新的危机，由于盲目相信利己主义的力量和通过激励与回报有效驾驭它的能力，我们的经济体制几近崩溃。

我们该走向何方？既然“利维坦”把持的命令控制体系和自由市场上的“看不见的手”都不能有效地管理社会，那我们该怎么办呢？以合作为基础的体系，除了能为我们带来自由的操作系统或全球在线百科全书，还能为我们做什么呢？“合作”能否为我们带来稳定、有效的社会和经济体系，让我们冲出这一残酷的怪圈呢？

我相信它能。

整个20世纪，工商管理、人类学、心理学、人类进化学、经济学、政治学和法律等众多领域的学术研究都是针对如下困惑的：我们该如何构建人类居于其中的体系呢？毕竟我们的生活受到各种各样的体系的束缚。例如，车间与大卖场这样的商业体系，知识产权保护法或环境保护管理条例等法律体系，互联网或道路与桥梁等技术体系，行政管理体系（有些是国有的，如老年保健医疗；另外一些则是非国有的，如艺术与文化基金会），学前教育和大学科研实验室的教育体系，朋友关系网络这样的社会体系，等等。

不管它们的目标是提高效益、完善法律和统治、促进科学进步，还是仅为了让我们的生活更美好、更快乐，优秀的科研人员和思想家都一直在寻找改进这些体系的方法。在20世纪的前60年，大多数体系都是大型的、层级的和控制型的。在美国，这种趋势始于公司。20世纪初，著名管理学家弗雷德里克·泰勒出版了《科学管理原理》（*Principles of Scientific Management*）。这本著作提出的管理方法，是对每个人的每个动作进行描述、定时、测量和监督，确保动作的效率最大化，将每个工人简化为一个设计完美的体系中的一个可以被控制的零件——由上层权力控制。

亨利·福特很快就接受了这一方法，并将其应用到生产线上。最后，这一思想方法渗透到很多领域与行业，从工厂车间到办公场所，到处都是它的身影。这种思想认为，工人从本质上说就如同机器人一般，只有对他们进行严格的监督管理，他们才能完成好给定的任务。这种自上而下的层级管理方法后来又应用到公共领域。进步时代（Progressive Era）建立的“罗斯福新政”管理机构，就是建立在如下假设基础之上的：相对于不负责任的市场来说，专家机构能够更有效地制订计划。这个新政直接导致了 1929 年的股市崩盘。欧洲走的则是另一条路。命令控制体系首先从政府机构兴起——普鲁士的俾斯麦是先行者，后来才进入商业领域。但是，尽管事情发生的先后次序有所不同，到了 20 世纪 60 年代中期，有一个事实是极为清晰的：在美国等国家，层级组织在现代经济和社会生活中已成为主流。社会学之父马克斯·韦伯和经济学家约瑟夫·熊彼特在 20 世纪先后做出预言：未来将会由更加庞大、控制更严格的政府机构主宰，也就是形形色色的“利维坦”。

在其后的 40 年间，随着政治对抗、理论争端的加剧以及实践的增加，集中式体系明显开始向市场和模仿市场的方向发展。简言之，“看不见的手”又重回世间，它不只出现在象牙塔和华盛顿的议政厅，也现身于商业和社会生活中。从某种意义上说，这种转变源于“冷战”，即以苏联为主的社会主义阵营与以美国为主的资本主义阵营之间的较量，也是社会主义经济和市场经济之间的意识形态斗争。但是，引发这种转变的更重要的原因在于，在管理日益复杂和相互关联的经济与社会时，以控制为基础的体系越来越无能为力。随着全球贸易的发展以及技术进步，不计其数的新行业、新公司和新产品进入市场，层级体系在其中越来越难以胜任。

另一方面，基于市场的体系似乎并不需要如此严格的监控。相信市场有效性的那些人，通过建立激励体系也可以让我们把事情或多或少做得更妥当一些，这是我们能感受得到的。这时，人们认识到这是做生意的好方法，非常经济又特别有效。于是很快，“看不见的手”迅速成为人们认识世界的主流方式。20 世纪末，随着技术发展的突飞猛进，我们开始面对一个复杂、广阔、变化万千的世界。经济学家和企业开始应用比亚当·斯密当初提出的模型更加纯粹的人类自私模型，寻求更多的放松管制，在更大程度上把职责交给完全竞争的市场，让利己主义为公众利益服务。我们甚至开始接受这样的思想：人类天生的自私本性，不仅适用于商业世界，或者说市场，而且也适用于社会生活、家庭与爱。此时，经济学成为社会科学中最重要的学科。于是，我们开始将人的行为仅仅看成是对奖惩的理所当然的机械反应。

但在最后 10 年，一系列变化促使纯粹的自私理论发生了根本性转变。首先，企业开始学习丰田公司的经验，因为自 20 世纪 80 年代以来，相较于美国的竞争对手，丰田汽车公司在美国的工厂在生产率提高和质量改善方面远远走在了前面。高新技术产业不太主张正式化，反而更加关注自治、创造性以及社会性活动，谷歌就是讲究人性化的一个很好的例子。越来越多的商学院课程和企业本身，都开始重视和尝试采用新的组织模型，它们既不是严格意义上的市场模型，也不是过去认为必不可少的层级模型。这些模型是基于以下假设建立的：在合适的条件下，人们会选择合作和协作，以实现组织的共同目标，这也是他们自己的愿望。

更为重要的是，网络上“对等生产”（peer production）的兴起，如自由与开源软件、维基百科、“每日科斯”（Daily Kos）或者 Newsvine 这样的“协作公民新闻”（collaborative citizen journalism）网站，以及 Facebook 和 Twitter 这样的社会网络引发了一种合作文化，这在 5 年或 10 年前是不可想象的。这些变化不会发生在社会边缘，只会发生在硅谷这样的地方，因为那里代表着社会与经济发展趋势的最前沿。最后，企业开始注意到这种变化，并观察其发展动向。依靠志愿者的贡献运作的网站都非常成功：维基百科的访问量在互联网上位列第 7 或第 8，每个月它在全世界范围内的独立访问页面量达到 3 亿。像 IBM 这样的传统企业，以及像谷歌、Facebook、红帽（Red Hat）或者克雷格列表（Craigslist）这样的新兴企业，都有实力试用这些新模型，找到通过“吸引人”获利，而不是控制人的新方法。在 2008 年经济危机发生后，甚至连一些市场自由主义的忠实支持者也不得不承认，“市场激励至上模型”（market-incentives-above-all）是有缺陷的。

社会上的彼此吸引和建立协作关系，能够激励我们达成富有成效的结果，这种更加乐观、充满人情味和人文气息的观点所影响的范围远不止商业领域或是网络环境。像维基百科和 Linux 这样通过协作努力而获得的成功，与芝加哥全市范围的社区警务模式[①]是类似的。美国中央情报局的在线协作平台——情报百科（Intellipedia），也采用了类似的模式。

① 此后，这种社区警务模式也被其他地区积极采纳，截至 1999 年，全美国范围内超过 5 万人的社区中有 3/4 以上的社区都采用了这种社区警务模式。

如此众多的领域都采用合作体系，让社会科学和行为科学界的研究人员重新燃起了探索合作机制的热情。他们开始设想，也许自私根本就不是人类的天性。经过众多科研人员的努力，我们在心理学、组织社会学、政治学、实验经济学以及其他一些领域找到了越来越多的证据：实际上，人类在很大程度上是更善于合作的，是无私的，或者说至少不像大多数经济学家之前认为的那么自私。这不仅仅是理论，很多实地研究已经找到了实实在在的合作体系，与以激励为基础的体系相比，它们往往更稳定，也更有效。即便是在人类生物学的研究进程中，进化生物学家和心理学家也正不断发现“人类善于合作”在神经及遗传方面的证据。尽管这听起来有些违背我们的直觉，但确实有更多的证据表明：进化实际上更偏爱愿意与他人合作或者帮助他人的人，即便这会让他们付出代价。我们将在下一章详细讨论。

通过众多学科对多个社会所进行的研究，一个基本模式出现了。在任何一个实验里，都有大约 30% 的人的行为让人觉得他们好像真的很自私，就像主流思想所认为的那样。但是另一方面，也有近一半的人会表现出合作行为，而且始终如一、态度鲜明。在这些人当中，有些人的合作行为是有条件的，他们以善报善，以恶报恶。另外一些人则是无条件的合作者，或者称为利他主义者，即便需要个人付出代价，他们也会与他人合作。通过针对地域广阔、类型众多的人所做的大量实验，人们得出了如下结论：实事求是地说，在受控条件下，没有哪个人群有半数以上的人总是表现出自私行为。

你可能在想，实验得出的结果还不错，但对于日常生活来说，这又意味着什么呢？这意味着，我们当前的社会和经济体系，如层级企业模式、惩罚性法律体系、基于市场的方法及教育，往往是根据错误的模型设计出来的。这些模型定义了我们是什么样的人，定义了我们为何会表现出这样或那样的行为。我们不需要“认为每个人都是利己主义者，他们只有欲望和偏好”的体系。采用控制或者说“胡萝卜 + 大棒”的办法来激励大家是无效的。为了激励大家，我们要依靠可参与、沟通的体系，使大家拥有共同的目标和认同感。换句话说，组织最好能帮助我们展现心灵深处协作、慷慨的一面，而不是认为我们的行为都是出于自利。我们将会看到，试图基于利己主义构建体系，比如物质奖励或惩罚，有时会适得其反地导致生产率降低，还不如采用纯粹的社会动机导向方法。

为什么利己主义神话仍在流传

如果我们有充分证据证明协作的力量和光明的未来，为什么我们仍然坐在会议室里，聆听演讲者的一面之词呢？他们通过图表解释说，自由 Linux 的成功只不过是由市场暂时的不完美所导致的，一旦定价系统正确地发挥作用，它将不复存在。尽管竞争对手微软的电子百科全书（Encarta）业务最近已经宣告失败，但维基百科的未来不可能会被这样或那样的新盈利模式所取代。在全球经济危机的背景下，华尔街这只“看不见的手”仍比其他选择更好吗？

在我们中间，为什么仍有这么多人还在坚持“人是自私的动物”这一让人不舒服的观点呢？为什么我们对众多的否定证据视而不见呢？为什么我们总把人类往最坏处想呢？我认为有四个原因。

- 第一，关于人的利己主义假设是部分正确的。
- 第二，从历史上看，自私和自利观念太深入人心了。
- 第三，对于我们自身以及我们所生活的世界，我们希望给出简单而清晰的解释，即便这些简单的解释是错误的。
- 第四，是习惯的力量让我们的感觉与思考偏离了正确的轨道。

部分正确

“人都是自私的”这一观念之所以流传久远，其中的一个原因是它并非完全错误，只是在很大程度上是错的。我们都经历过选择的两难时刻：一方面是对自己有利的，另一方面是对他人有利的。我们中的很多人有时会向自身的利己主义低头，在很多自私的故事中都不难发现我们的身影。而且，不可否认的是，我们当中有相当多的人不时会展现出自私行为。据统计，我们约有 1/3 的时间都是在跟自私的人打交道，如果我们不能找到应对这种利己行为的方法，结果往往很糟糕。因此，如果我们自己有时在行为上有自私的表现，又频繁地与自私的人打交道，就容易对人性形成一般化的结论，并认为专家们关于利己主义普遍存在的观念也没有什么不对。但是，关于人类利己主义的观点仅仅对了一半。不错，有些人是自私的，但只有少数人才总是自私的，而且，我们中的有些人根本就不是利己主义者。这些一般化的结论，既没有考虑我们所有的自私行为，也没有考虑所有因他人的慷慨而让我们受益的行为。这让世界显得更为复杂和模糊。因此，今天我们面临的挑战是：如何才能充分利用与他人交往带给我们的好处，同时避免受他人伤害的巨大风险。

历史

“人总是自私的”这一观念历史久远，但近年来才成为人类行为科学理论中的主流。这一观念在20世纪50年代的美国开始兴起，并在随后的30年里越来越受欢迎。换句话说，“人类只会对自由市场体系的处罚与激励做出反应”这一观念，是在“冷战”期间日趋流行的。

简单性

人们都喜欢简单的解释，这让我们能对深奥、复杂的世界有一个大体的概念。也就是说，这些前后一致的说辞，有助于我们把众多不同的事实、想法和深刻理解串起来，让我们能够预测到如果我们做X将会出现什么情况，或者，如果在Y下面找找看，我们将会发现什么。有些认知心理学著作称之为“认知流畅性”（cognitive fluency），意指我们倾向于记住因为简单而容易被人理解和记住的事情，并对此情有独钟。我们似乎对简单的解释有强烈的偏好，因为简单的解释会给出简单的答案。例如，如果收成不好，一定是上帝生气了。甚至在科学理论上，爱因斯坦也曾说过这样一段名言："事情越简单越好，但不要过于简单。"

关于人性的直接而又不复杂的理论，往往将我们的行为简单解释为对处罚和激励的简单反应，而且这种反应是能够预料的。这种理论的好处是，我们不必去深究那些难于理解甚至是令人烦恼的行为。让人难以置信的是，这样的理论竟然很受欢迎。事实上，我们的实际体验要复杂得多。就像颇有影响力的社会学家迈克尔·波兰尼（Michael Polanyi）所说的那样："我们知道的远比我们能说出来的多。"将我们"能说出来的"东西当作我们知道的东西，这种倾向将导致我们根据了解不深，甚至是与我们的直觉相悖的简单模型制定组织战略、法律和技术体系。

习惯

到目前为止，大约有两代人所受的教育以及社会交往经历都会告诉我们：人是自私的。如果你找到一大群人，问他们是否认为人从本质上说是自私的动物，他们可能会向你提起非洲的"和平队"志愿者、联合劝募协会，或是为加尔各答穷人提供帮助的特蕾莎修女。但是，如果一定要他们说真话，每个人可能都会承认这些只不过是例外。打开电视或者翻开报纸，你不可避免地会听到或者看到这些名词："激励""股利""得分""基准"。在任何情况下，"这对他们或我们有什么用"都是人们心里想的第一个问题。我们一旦对于自己及自身的行为形成一定的思考习惯，在解释碰到和收集到的证据时，就会倾向于使其与我们已确立的观念和假设相一致，忽略一部分，强调一部分。在习惯的作用下，我们关于人性的错误信念和思考方式将得到强化，并随着时间的推移，在我们的心里扎下根来。

不过，告诉你一个秘密吧。我们凭直觉就已知道，我们并不总是自私和理性的。我们教育孩子要分清什么是对、什么是错，对别人要友好，要遵守黄金规则（Golden Rule）。我们都有过爱上一个人的经历，为了爱，我们可以做出疯狂的、不理性的牺牲，即使是经济学家也会如此。在火车上，我们将座位让给老年人或者残疾人；为身后的人扶好电梯或房门；为联合国儿童基金会捐款。我们做了很多从直觉上看是正确的事情，而不是因为这样做会给我们个人带来好处。换句话说，我们的行为方式证明了我们在某种程度上是无私的，而不是流行的人性观所认为的那样。

那么，我们该怎样解释自己每天都会表现出来的无私行为呢？对于我们与生俱来的同情感、公平感，或者做正确的事的意识，我们又该怎么解释呢？

第一，我们既不是机器，也不是自私的野兽，而是有道德感的人。正是道德规范让我们超越了理性计算和自利。毫无疑问，为了救出游泳池中溺水的孩子，大多数人是不会在意毁了一套漂亮衣服的，这是我们的良心使然。而且，我们不但受自己内心道德规范的驱使，还承受着社会道德规范的影响。在大多数文化背景下，不论是简单的还是复杂的价值观念，其中一点都是帮助他人及与他人协作。就像诺贝尔奖获得者阿马蒂亚·森（Amartya Sen）在《理性的傻瓜》（*Rational Fools*）中所写的那样：我们实际上是在对自己、对他人，或是对一套信仰或价值观念体系履行承诺。他这本写于 1977 年的书向经济学提出了有力挑战。当我们这样做的时候，这些承诺对我们的决策产生了实实在在的影响，它们好像专门与我们的物质利益作对。

第二，人类是社会性动物。我们往往要在社会环境下与他人相处，并且要与特定文化的价值观保持一致。有时，我们这样做是有意识的，也可以说是“自私的”，因为这是权宜之计。我们总是试图取悦自己，或者说试图表现得友善或者乐于关心他人。但在另外一些时候，我们并不清楚什么是与他人交往时的合适之举，因此，我们会本能地从周围的那些人身上寻找一些可参考的信息。不过，我们通常会按照所处文化中的道德观念和行为规范去做，因为这样能获得一种认同感，或者说，能体现群体、社区或国家的团结。这些因素驱使我们一次次表现出良好的行为，如帮助他人，或者致力于某个共同目标，即便付出一些代价也在所不惜。

第三，人类表现出无私的行为，是因为我们都是有感情的人，就像我们都是理性的人一样，感情有时会超越理性。我们的需要和希望是极为复杂和多变的，并不只是希望获得最大程度的快乐和最大收益那么简单。结果就是，这些感情动机开始在其他领域发挥应有的作用。我们在乎什么是正确的和公正的，我们希望自己的行为能得到同龄人的赞赏，这样我们就能获得社会群体的归属感。经济学家长期以来已经习惯于将人的行为看成一系列供求曲线，或者说一系列X值和Y值，但即便是他们，最终也承认了感情、社会和道德动机的威力，并开始提出新的经济理论。

承诺合作并不是某种不现实的乌托邦幻想，在有关行为科学的一些最杰出的著作和最缜密的研究成果中都能找到合作的身影。我要努力让大家摆脱现有人性观的束缚，即认为所有人的行为动机都离不开利己主义。我们要尽可能地完善现有的人性观，虽然做起来可能不太容易，因为这是在向我们固有的观念发起挑战。但是，证据会支持你们的。我们该承认这一点了，并且要在行为上表现出来。

合作是有效管理经济与社会的第三种模式

我相信，是时候打破自私神话了，我们要把人类的合作行为视为威力无穷、潜力巨大的积极力量——它本来就是这样。我们的社会正经历着技术、商业、思想意识和科学等方面的重大变革。随着时间的推移，人们的观念、实践和习惯都将趋于一致。任何一个相对稳定和具有良好一致性的体系，无论是一个经济体、一个国家还是一个社区，当经历剧烈变化的时候，都会出现新的灵活性，并以宽广的胸怀接受人们对世界的各种新的解释和组织方式。这种方式要求我们对过去的行为进行反思，并做出新的尝试，以适应周围环境的变化。2008 年的经济崩溃唤醒了我们：建立在自利基础上的经济和金融体系其实并不可靠。当然，这并不是说我们都要成为社会主义者，它只是告诉我们，应该敞开心扉，虚心接受这样一个现实：**对于不受约束的市场来说，“看不见的手”也许并不是对真实市场和人类实际行为的最佳解释。也就是说，我们应该寻求其他方法，利用合作和协作来改进我们身居其中的体系，而不是固守着对这些系统的苍白无力的解释。**

世界的变化真是太快了。现在，我们正处于这样一个历史时期：我们比之前更需要学习如何相互依靠。我们身边让人惊叹的新事物并不总是那么令人不开心。就拿互联网来说吧，它无疑是工业革命以来最新奇的事物之一。几年前，当我写上一本书的时候，我试图在 500 多页的篇幅中事无巨细地阐述互联网的方方面面，比如探讨互联网是一个基本的和长期的改变，还是查询、共享和传播已存在信息的一个新颖快速的工具之类的问题。我的体会是，互联网已经将社会的、非市场化的行为由工业经济的边缘带入全球化、网络化信息经济的核心地带。信息和新闻、知识和文化以及计算机辅助的社会与经济互动，在方方面面奠定了我们生活的基础：从追求民主与全球公平到商业与媒体的最新发展趋势，再到最先进的经济体系中的重大创新。在如何建立社会的信息和知识基础方面，互联网带来了一场革命。

互联网上社会生产的兴起，为我们提供了不计其数的协作平台，它们比过去的平台更新颖，成本更低，回报也更多。在互联网上，人们每天都在为合作而义务地忙碌着。我们通过在谷歌上查询信息的方式向陌生人求助，从现在不认识、将来也不会认识的人那里获得答案。我们这样做不需要任何理由，而且是免费的。我们与他人分享自己的好主意，接受他人提出的好建议，所涉及的事情真是无所不包，比如，看什么电影、到哪里去买二手自行车或者如何治疗孩子的病，等等。通过维基百科、博客或者 Twitter，我们自愿贡献出自己的知识和技能，不图任何回报。

网络的匿名特性让我们有充分的安全感，因此，我们会毫不犹豫地加入支持群体，以面对那些原本要独自面对的问题；我们寻找有共同兴趣的人，不然的话，我们只能在离线状态下独自玩味；我们通过相互帮助扩大自己的专业网络，甚至可以与相距遥远的人进行头脑风暴，以解决社会问题，或者为医药公司不关注的疾病找到治疗方法。换句话说，我们利用各种途径将我们自愿的、有益的行为与日常生活融为一体，我们把他人在相关领域的贡献拿过来为我所用，并在此基础上进一步完善。

最为简单而清楚的一个事实是：全世界访问最频繁、导入链接最多的 20 家网站几乎都是谷歌和雅虎等搜索引擎网站和 Facebook 这样的社交网站，或者是由用户创建内容的信息资源和娱乐资源网站，如维基百科、YouTube 或者 Flick 等。无论在谷歌上搜索什么，如果你看一下排在前 10 位的搜索结果，一定会发现很多提供最终答案的非营利网站，这些网站都是个人化、完全免费和公开的。越来越多的软件开发商、企业家和民间社会组织都尝试建立在线系统，供人们合作互动，效果非常不错。

毫无疑问，互联网的出现与普及极大地推动了全球化进程和科学发展的步伐。所有这一切，都促使越来越多的企业由仅仅关注效率转向思考该如何重视学习与创新。只有在反应迟缓的市场上，效率才能让你保持领先。如果你不知道明天的竞争对手在哪里，不知道哪些东西你不知晓而你的对手了然于心，你就要不断学习和实验。无论怎样深思熟虑，这都是命令和控制无能为力的事情，激励政策也无济于事，因为创造性与领悟是无法监督与测量的。越来越多的企业已经认识到，一定要把员工和经理与生俱来的积极性。即人类行为的道德、社会和感情驱动力调动起来，而不能仅仅依靠物质奖励。这不仅能让员工更快乐、更有成效，还可以通过促使竞争对手建立和应用他们自己的合作体系和技术，将合作行为传播到整个行业。

现在我们就该行动起来。我们一定能把人类的合作潜能发挥到极致，让企业赚更多的钱，让经济体系更有效率，让科学突破更加迅猛，让社会系统更加安全、快乐和稳定。时间的紧迫性不仅体现在社会领域,也包括科学领域。今天，更多的证据、理论和合理性都告诉我们，自利仅仅是人类行为的一部分驱动因素，仅仅是一部分。尽管合作行为在我们的周围随处可见，但仍有很多谜底在等待我们去一一揭开。

我希望本书能拨开迷雾，帮助我们重新思考一下心中已有的动机和习惯。我希望通过展示颇具说服力的证据——不仅有来自现实世界的，还有来自生物学和社会科学领域的，能够帮助大家摆脱自私普遍化观念的影响，并为大家提供关于如何设计我们居于其中的众多体系的新观点和新方法：从最简单的企业实践到最复杂的教育模式，以及在法律上和技术上错综复杂的管理办法，比如，无线通信、创新和创意的知识产权管理等。

合作洞察

几十年来，我们一直都在利用人们的自私倾向设计体系，而忽视了社会上随处可见的众多合作潜力的反方向影响。其实我们可以做得更好。我们可以这样设计体系——法律上的或技术上的、公司的或民事的、行政管理上的或商业上的：让我们的人性得到充分表达，让我们的努力比过去任何时候都能带来更大的希望和可能。

我完全确信这一点。我并不是在向你们推销幼稚、盲目乐观的世界观。我提出的证据中，也包括那些经久不衰、不断重复的发现：有些人会表现出自私行为，有时候会在意自身的利益。而且，不论我们怎样看待自己的自私特性，在某些情况下，几乎所有人都会陷入沉思，并且说："当然，我将考虑实际的物质回报。"我们知道，惩罚与奖励能够促进想得到的行为，但我们还知道，它们也会起反作用，抑制我们心灵深处渴望合作的社会动机。我们知道，同样的激励政策，无论是固有的，还是外部强加进来的，不会在任何时候对任何人都有效。人以群分是很自然的事情。有的人在行为上更偏向于与他人合作，因此对于各种各样驱动合作的因素有强烈的反应，另外一些人却不是这样。我的目的不是描绘一个幻想出来的世界，在那里，我们假装是具有自我牺牲精神的生灵。我只是说，从总体上看，人们在有些情形下会做出合作性的反应，而在另外一些情形下却会表现得很自私。这样，我们就可以找出设计体系的办法，让这种体系在最大程度上鼓励、促进和长期保持合作的行为。

在后面几章里，我将要回顾一下过去 50 年来前辈们在与人类行为与动机相关的几个领域的研究成果。虽然关注的范围广泛，但也会对合作在社会关系中的作用进行深度挖掘，比如：共情和团结的影响，正确与公平处事的驱动力，以及我们与大家的惯常行为保持一致的愿望。这些相关领域包括进化生物学、实验经济学、心理学、组织社会学和神经系统科学。我还要从现实世界中寻找有益的东西，比如“电台司令”乐队（Band Radiohead）的在线定价或非定价结构；奥巴马的竞选成功；丰田和谷歌等公司的案例研究；“龙虾帮”要面对的残酷现实；既追求社会公正也追求效益的公司行为，等等。这一切都为在复杂多变的环境下如何引导和保持人与人之间的合作，提供了有价值的参考。

我们如何看待自己对于我们最终将成为怎样的人有着极其重要的作用。

“人的本性是自私的”这种观点，不但让人觉得不舒服，也预示着我们最终将成为什么样的人。本书的目的是，至少从某种程度上让人们对自身有一个更加均衡的认识。我并不是说我们都是圣人。自利与合作并不是相互排斥的，而是恰恰相反。价值判断的独立性、自治、资本主义、个人主义并不一定会让我们成为自私自利的、自负的和缺少善心的人。合作与获利可以共存。承认这种二元性，想方设法围绕这一特点重建我们的社会，并让其服务于个人、公司和社会目标，这不仅是可能的，也是必须的。从今天开始，我们就应该这样去做了。

THE PENGUIN AND THE LEVIATHAN

How Cooperation Triumphs Over Self-Interest

Part 1

实现合作的7大关键要素

THE PENGUIN AND THE LEVIATHAN

How Cooperation Triumphs Over Self-Interest

第1章

关键要素1：基因和文化的协同进化

合作是进化的第三个原则。直接互惠、间接互惠、群体选择和亲缘选择等合作机制，是合作进化的主要动力。基因影响大脑，大脑影响行为，文化则把选择压力施加到个人头上，迫使他们遵守某些行为规范。合作源于基因和文化的协同进化。

我们所感知的整个世界，就像是上帝之手写就的一本书……
每个生灵，都恰似一只手……
按照上帝的旨意将高深的智慧娓娓道来……
有灵性并明辨是非的人，
欣赏着世界无与伦比的美丽，
在心底又为造物主的非凡智慧而折服。

圣维克多的休
（HUGH OF ST. VICTOR，1096—1140）
《三天》（*De Tribus Diebus*）

他相信上帝有爱，
爱乃造物之根本法则，
但自然的尖牙利爪尽带血红，
叫嚣着反对他关于爱的信条！

阿尔弗雷德，丁尼生勋爵
（ALFRED，LORD TENNYSON）
《悼念》（*In Memoriam A. H. H*），1850 年

自奥古斯汀时代以来，科学家、学者和神学家等都将“自然之书”（Book of Nature）视为理解上帝意志的窗口。几个世纪以来，这种做法为早期的现代科学提供了庇护，这样，研究者就可以放心地开展工作，免受宗教狂热分子的轻视或怀疑。过去的150年里，人类进化生物学延续了这一传统：从自然科学（尤其是进化生物学）的角度讨论我们自身的核心道德问题。这些问题包括：人天生就是自私的或者利他的吗？从根本上来说，生活是竞争性的零和博弈还是合作的舞台？从本质上看，世界是人人平等呢，还是说，我们所生活的世界根本就是一个由等级高的人和等级低的人所组成的层级社会呢？

距离当今最近的争论要回溯到社会达尔文主义（Social Darwinists）时代。

赫伯特·斯宾塞（Herbert Spencer）创造性地提出了“适者生存”这一说法，用以表示“只有适应性最强的物种才能生存下来并繁衍后代”，并用这一思想为19世纪的自由产业资本主义（laissez-faire industrial capitalism）辩解。弗朗西斯·高尔顿（Francis Galton）将其作为“优生学”的基础，认为人类能够而且应该通过选择性生育来改善自身。众所周知，这一观点被纳粹德国用来为他们的种族灭绝政策进行辩解。但从好的方面来看，很多国家也因此打下了“科学”与“进步”的政策基础，包括美国。

> 20世纪20年代，美国弗吉尼亚州以“科学”的名义强行为智障妇女做绝育手术。美国最高法院也支持这一政策，小奥利弗·温德尔·霍姆斯（Oliver Wendell Holmes，Jr.）大法官写道：“强制接种的准则同样适用于输卵管结扎，三代低能已经够多了。”女人就应该待在家里，天生智力低下的人属于下等人，犹太人贪婪或者黑人是下等人，所有这些观念都以科学的面目出现。

今天，人们在讨论人类道德生物学时，都不会忘记这段历史。我们决不能忽略下述事实：在当代文化中，“真理仲裁者”——科学的进步，往往会导致我们放弃道德判断，当“尖牙利爪尽带血红的自然”叫嚣着反对我们的信条时，我们通常的想法是，应该再反思一下我们的信条，而不是我们对人性的解释。

在这场横跨一个世纪的“先天还是后天”之争中，如果说社会达尔文主义站在“先天”一边的话，那么，美国人类学家弗朗茨·博厄斯（Franz Boas）就是站在“后天”一边的。他不是根据生物学，而是从文化的角度解释不同社会和种族之间人的差异，并创立了现代人类学。博厄斯以现代生物学为科学基础，向“某些种族、宗教和文化优于另外一些种族、宗教和文化”这一观点发起了反击。现代科学的先天还是后天之争的第一波持续了几十年，直到被恐怖的纳粹主义打断。尽管纳粹大肆宣扬“优生学”和“科学种族主义”，但科学与学术界最终还是于20世纪50年代解决了这一争端，文化几乎取得完胜。

关于人的天性与社会性的争论，生物学家也不会总是被排除在外。他们的回归，得益于20世纪70年代再次兴起的动物行为研究热潮。毕竟，要想回答“为什么燕八哥要飞向夜空”“为什么旅鼠要跳下悬崖”这些问题，必须使用进化和遗传的专业术语。这一点不难理解。但是解释这些行为的进化逻辑也适用于人类吗？对于这个问题，昆虫学家威尔逊的回答最有影响。他于1975年出版的鸿篇巨著《社会生物学》，从根本上再次将进化理论应用于人类行为。他提出的基本观点，理查德·道金斯在《自私的基因》一书中以更加通俗的形式进行了讨论。

威尔逊认为，基因与人类文化密切相关，人类行为的发展可以用进化力来解释，而进化力服从于遗传学。因此，进化偏爱的基因所导致的行为得以生存下来并进一步扩散，而另外一些基因所导致的行为则不能。道金斯很快就接受了这一总体看法，并将其应用于一直困扰我们的基本人性问题：人类“天生”是利他的还是自私的呢？他的书名就代表了他的观点。随后，进化心理学的先驱，例如勒达·科斯米德斯（Leda Cosmides），约翰·托比（John Tooby）和史蒂芬·平克（Steven Pinker）[①] 又将这一工作推进了一步。他们试图将人类心理学解释为大脑里的一系列进化适应，这些进化适应将用于解读特定的人类行为，包括广泛存在的语言本能、择偶偏好和攻击性的性别差异等。

换句话说，威尔逊的研究成果迫使弗朗茨·博厄斯不顾一切地转向了文化领域。但是，博厄斯的追随者很快就开始反击[②]。结果，在 20 世纪 80 年代，大量研究工作都在批判社会达尔文主义的翻版。史蒂芬·杰伊·古尔德（Stephen Jay Gould）、理查德·莱旺庭（Richard Lewontin）等社会生物学评论家认为，社会达尔文主义者采用的是一个极为天真的适应理论，这一理论的核心内容是，我们的基因为了应对环境挑战而逐渐产生适应性。该理论想当然地认为，一切都是适应选择的结果，而不是相互作用过程中的意外之喜。科学历史学家的关注点则是社会达尔文主义在道德方面的滥用。他们警告说，社会达尔文主义的再度流行，将威胁到近年来人们在性别和种族关系问题上所取得的成果。正因为如此，在遍布美国的大学校园里，这种争论变得高度

① 世界超级语言学家、认知心理学家史蒂芬·平克“语言与人性四部曲”《语言本能》《思想本质》《心智探奇》《白板》中文简体字版已由湛庐文化策划、浙江人民出版社出版。——编者注

② 在一个臭名远扬的事件中，博厄斯的狂热支持者在威尔逊公开演讲时对威尔逊进行袭击并向其身上泼水。

政治化。但是，科学有可能就最基本的人性问题给出答案的想法确实太有吸引力了，以至于科学家、学者和社会都无法表示反对。

我们仍在继续研读“自然之书”，寻找更进一步认清自身的有效途径。我们仍将在遗传学、进化和动物世界中，寻找有关人的道德、动机和行为等问题的答案，特别是“人类是否天生就是合作性动物”这一突出问题。举个例子来说吧，我偶然读到的英国广播公司在线科学报告，就如同本章的另一个版本：“蚂蚁以合作能力著称，它们把群体利益放在个体利益之上。但最新的研究表明，蚁巢实际上是不诚实、自私和腐败等行为的温床……”类似的标题几乎每周都能见诸报端，人们似乎热衷于人性的进化解释。但近 10 年来，转向生物学给我们带来的最大惊喜是，它向我们讲述了一个关于人性和社会行为的故事，这个故事很好地诠释了文化与遗传学之间的相互作用，而且让合作有了更大的发挥空间。这一切都建立在一个假设的基础之上，这让我们更多地想起彼得·克鲁泡特金而不是赫伯特·斯宾塞。克鲁泡特金在其 1902 年出版的《互助论》（*Mutual Aid*）一书中，讲述了动物王国中广泛存在的合作行为。

什么是“自私”的基因

过去 30 多年，关于进化与遗传对人类道德的影响作用，人们存在很大的分歧。了解分歧焦点的最好方式，就是比较一下这一时期两段最有代表性的叙述，它们分别出自两位杰出科学家之手。一段叙述来自理查德·道金斯1976年出版的名著《自私的基因》；另一段叙述来自30年后马丁·诺瓦克发表在《科学》杂志上的关于合作进化的评论文章。

> 如果你和我一样，想建立一个人与人之间慷慨大度、无私合作、为共同利益而努力的社会，那就不要指望人类的生物学特性能帮上什么忙。因为我们天生就是自私的，只有通过"教育"，大家才能明白什么是慷慨，什么是利他。我们要弄清的是：我们自私的基因究竟要达到什么目的。这样，我们至少有机会去打乱它们的行动计划，而这是其他物种从未想过要做的事情。
>
> 理查德·道金斯，《自私的基因》

> 也许，进化的最神奇之处，就是它在竞争世界里产生合作的能力。因此，我们可以将"自然合作"视为"突变"和"自然选择"之外的第三个基本原理。
>
> 马丁·诺瓦克，《合作进化的五个规则》，《科学》(2006年)

这两种说法的不同之处究竟在哪里呢？30年间进化生物学的变化真的如此之大吗？是道金斯对其进行的科学研究言过其实了，还是《科学》杂志的编辑和众多评论家有些心不在焉，才让诺瓦克的文字见诸报端？从某种意义上讲，至少前两个问题的答案是肯定的。

合作洞察

进化生物学在最近15年已经发生了很大变化，合作研究的重新兴起和重新认识正成为主流科学思想。尤其是在关于合作倾向如何发展成为人格特质的问题上，出现了两个重要概念。一个是对合作中互惠因素的理解大大扩展了，超越了“你为我挠背，我才会为你挠背”的观点。另一个概念是群体选择观点重新被主流进化理论所接纳。这种观点认为，即便某些特质对个人来说是不好的，它们也会进化，只要它们对个人所属的群体有利。而且，道金斯曾明确地指出，他的著作在某种程度上被误解了。“自私的基因”跟“自私的人”根本不是一回事。实际上，在适当的条件下，如果非自私的、合作的态度和行为增加了某个人的生存和繁衍机会的话，它们可能就是“自私的”。

可是，当道金斯说生物特性不会帮助我们建立一个“个体为了实现共同目标而慷慨无私地与他人合作的社会”时，他的真正意思可能是说，基因导致的是自私的行为，而不只是自身的繁衍。这两种表述是完全不同的。

我们首先需要弄清的是，进化生物学家定义的“自私”和“利他”，与我们日常生活中通常理解的含义多多少少有些不同。我们可能会将拒绝与人分享最后一块生日蛋糕的行为，或是在解雇许许多多的工人并将公司弄垮之后还拿着巨额高管薪酬的行为，理解为自私行为。但实际上，按照进化生物学家的定义，“自私”行为是指创造最大机会将自己的基因传给下一代的任何行为。按照这一定义，如果从“自私的基因”的角度来看，甚至连一些我们平时称之为“利他”的行为，也是“自私”的。

> 假设存在一种利他主义基因，简称“AS”基因，能够让人们表现出无私的行为。如果你有AS基因的话，你丝毫不会在意自己为了他人利益而付出的代价，将他人从苦难中拯救出来会在情感上给你带来极大的满足，所以，你在生活中往往总是为他人着想，而不为自己考虑。我们还假设，在你生活的社会里，当人们看到这些行为时，他们会更信任你，给你更多的机会，对你更尊重，也许还会猜测你的父母一定是好人。因此，拥有这种基因的人，可能被视为非常理想的生活伴侣，这样就更有可能将他们的AS基因传给下一代，让他们也拥有相同的优势。

在这个例子中，一种基因对应一种行为（假设如此），这种行为从社会意义上来讲是“利他”的，但从基因和进化意义上来说，却又是“自私”的。这样看来，如果我们想建设一个“个体为了共同目标而慷慨无私地与他人合作的社会”，大多数人都一定能受惠于“生物特性”。

今天的进化科学正在为我们提供关于合作的、新的、更加准确的见解。它不但帮助我们解释了为什么合作或者利他行为增加了个体向下一代传递基因的机会，还帮助我们解释了为什么群体能从合作实践和合作倾向中受益。换句话说，它帮助我们解释了为什么合作行为能从文化意义上和基因意义上传递下去。这在先天与后天之争的问题上为我们提供了一个有趣的新观点。

这里我们来回顾一下探讨合作行为的一些著作，这些著作阐述了合作行为要么是由基因决定的，要么是文化教育的结果，要么是两者兼而有之。

合作的进化机制

关于合作为什么能改善个人基因的最简单理论，是汉密尔顿（W. D. Hamilton）提出的"内含适应性"（inclusive fitness）理论，后来被人们称为"亲缘选择"。这种观点认为，个体将会帮助那些与他们有相同基因的人，因为这些人至少会将他们的部分基因传给后代。

> 假设我3岁的弟弟被困在水很浅的池塘里，快要死了，而我身体很棒，将他救上来导致我死去的风险非常低。由于我们有一半的基因是相同的，因此，如果我救了他，对于我的基因来说是非常有益的。所以，我会毫不犹豫地去救他。但是，如果他在大海里溺水了，我又不怎么会游泳，那会怎么样呢？把他救活对我的基因的好处与刚才是一样的，但现在的风险却要大很多。或者，更糟糕的是，如果我知道他将来不会有孩子，那会怎么样呢？如果他是抱养的，而我与他根本没有相同的基因，那会怎么样呢？如果他不是我弟弟，而是堂弟，又会怎么样呢？按照亲缘选择理论，他传递我们相同的基因的可能性越大，我冒着生命危险去救他的可能性也越大。霍尔丹（J. B. S. Haldane）不带感情色彩地说道："我会跳进河里去救两个弟弟或者八个堂弟。"这种利他行为——救我弟弟的命，与道金斯严格定义的、基因水平上的"自私"最吻合，因为这增加了将我的基因保留下来的可能性。

但是，人们为那些跟自己没有基因关系的个体提供帮助，又该做何解释呢？这怎么能改善我们的基因适应性呢？事实上，这可以从互惠的角度做出解释。这一观点认为，合作行为终将得到回报。最简单的例子是直接互惠，这一观点是罗伯特·特里弗斯（Robert Trivers）提出的，他的研究成果让道金斯、史蒂芬·平克等人深受鼓舞。这一观点认为，如果某一个体对我们给予他的帮助，能通过反过来帮助我们的形式直接回报我们，那么，我们双方就会达成共识：合作比不合作要好。这个基本动力学特性并不局限于人类，在对动物进行的众多研究中，人们也发现了类似的现象。弗朗斯·德瓦尔（Frans de Waal）在其引人入胜的著作《黑猩猩的政治》（*Chimpanzee Politics*）中，对此进行了有趣的研究。

德瓦尔研究了耶罗恩、鲁伊特和尼基三只黑猩猩，它们为争夺权力而不断灵活组成各种各样的联盟。在三只黑猩猩中，耶罗恩最年长，鲁伊特次之，尼基年龄最小。实际上，尼基相当聪明。他帮助鲁伊特将耶罗恩赶下台，然后又与耶罗恩建立联盟推翻了鲁伊特，成了新首领，这听起来有点儿像电视真人秀。但这样做的回报是丰厚的。在黑猩猩的等级社会中，地位代表着交配机会。耶罗恩、鲁伊特和尼基三只黑猩猩既不是亲兄弟也不是堂兄弟。不过，它们还是找到了合作方式，以改善它们的适应性。

还有一个来自动物世界的例子，听起来不像是《幸存者》（*Survivor*）里的情节，倒更像是伊索寓言里的故事，我们就称其为《美洲獾和郊狼》寓言吧。

> 在怀俄明州的国家大角鹿保护区，很多科学家都观察到了美洲獾与郊狼协作捕猎地松鼠的情景。郊狼跑得快，活动范围广，负责侦查地松鼠的行迹，一旦有所发现，它们会立刻向美洲獾发信号。美洲獾是地下捕猎高手，主要通过将猎物诱惑至断头穴而将其捕获。美洲獾知道在哪里挖洞穴并等待猎物上钩。这样，地松鼠就处于两面夹击的不利局面。即便它们有幸逃过美洲獾的埋伏而回到地面，也将成为郊狼的囊中之物。如果它们为躲避郊狼的追杀而藏在地下不出来，美洲獾就会把它们逼入绝境。

如果你是地松鼠，目睹两类捕食者这种不可思议的伙伴关系，肯定会被吓傻。但如果你是一位研究自然界的合作关系的科学家，你一定会认为自己找到了不同物种协同作战的难得案例。那么，科学家会怎样解释耶罗恩和尼基，或是美洲獾和郊狼这样的联盟关系呢？在这两种情况下，尽管合作的开始有些偶然，但都是动物的天性导致了这些合作行为。合作让这些动物有更多的交配机会，或是更高的捕猎效率，于是它们生存下来并繁衍后代的可能性也就更大，因此可以将导致这种行为的所有遗传物质传给下一代。实际上，这种直接互惠是再平常不过的交易行为了：以牙还牙。如果你为我挠背，帮助我成为新首领或者捉到地松鼠，我也将为你挠背，提供力所能及的帮助。

把爱传出去

对于数不胜数、不求丝毫回报的合作行为或者利他行为，我们又该作何解释呢？毕竟人类社会太复杂了，我们无法追踪谁为谁做了什么，谁又为他人的善行回报了多少。而且，人类与其他动物不同，即便是那些与我们没有什么关系的人，以及那些无法指望其直接回报的人，我们也会与他们合作，并对他们表现得非常慷慨。这也就是说，我们为他人做事而不求获得什么好处。我们在路边停下来帮助陌生人换轮胎；为在城市里迷路的游客指明方向；向那些素未谋面的人捐款；通过网络向那些我们只知道其网名的人传授知识……这些行为需要通过广义上的互惠来解释，进化生物学家则称之为间接互惠。这个概念是理查德·亚历山大（Richard Alexander）20 年前在《道德体系生物学》（*The Biology of Moral Systems*）一书中提出的。

关于间接互惠，我能记起的一个最恰当的例子要追溯到 1784 年本·富兰克林写给本杰明·韦伯（Benjamin Webb）的一封信。当时，富兰克林被这个小伙子的来信所感动，送给他一笔钱。在包着钱的信里，富兰克林写道："这笔钱不是'送'给你的，只是'借'给你的。"可是，这笔钱确实意味着不同寻常的大爱，因为他继续写道："当你遇到另外一个处于同样窘境的诚实男人时，你必须将这笔钱以借给他的形式还给我。"

如果你觉得这个故事听起来有些耳熟，那是因为凯瑟琳·瑞恩·海德（Catherine Ryan Hyde）写的一本畅销书及后来凯文·史派西（Kevin Spacey）和海伦·亨特（Helen Hunt）主演的电影的名字都是《把爱传出去》（*Pay It Forward*）。这就像我们在孩童时玩的游戏：一个人发起一个让世界更美好的行动，为某个人做一件好事，然后再让他为 3 个值得信任的陌生人做些事情——“把爱传出去”，且不求回报。他们一次将爱传给 3 个人，依此类推，最后将爱传遍全世界。当然，这几乎就是现代版的神话故事，而且是最天真的一个。但是，它却具有非常重要的内涵。

以间接互惠（把爱传出去）为基础的体系认为今天的给予者可能就是明天的接受者，最终，好处会像圆环一样回到最初的给予者那里。用道金斯的话说，就是从基因水平上看来，这仍可能是“自私的”。因为这就意味着按人的一生平均计算，今天的给予者所得到的，至少与他所给予的一样多。但是，如果某个人破坏了爱的循环，接受了他人的善举而没有传递下去或是回报给他人，那会怎么样呢？正像富兰克林所理解的那样，这样的体系只有在没人破坏循环链的情况下才是有效的。他在借给韦伯钱时写道：“我希望它在遇到某个无德者之前，会经过许许多多人的手。无德者会让爱停止传递。”因此，只要参与传递的人都是慷慨且有信誉的，“把爱传出去”也许能持续一阵子。但是，“无德者”很容易就能混进来，他会欣然接受他人的慷慨而从不付出。无德者很容易就能混入富兰克林们的队伍，除非富兰克林们拥有火眼金睛，能识别出他们并把他们从循环链上清除出去。

正是由于这一原因，众多文化中都建立了各种各样的标志，帮助他们确定谁是合作者（富兰克林们的一员），谁是背叛者（无德者）。最主要的标志之一就是名声。**不管是有意识还是下意识，我们总是根据人们先前的行为来判断他们的名声如何。**如果大家都知道我是志愿消防员，我将赢得特别好的名声，但如果我因抢劫而被捕，我的名声就会非常糟糕。一旦我获得了某个名声，无论是好名声还是坏名声，人们就不需要对我有太多的了解，不需要知道我是否值得信赖，也不需要知道我将来是否一定会以善行回报他们。他们需要知道的只是我的名声。生物学家大卫·海格（David Haig）说得非常贴切：**“直接互惠需要你的一张脸，间接互惠需要你的名声。”**事实上，间接互惠要复杂得多。

> 假设我看见爱丽丝侵入鲍伯的电脑，并将鲍伯账上的钱转到查理的账上。这看上去是一种非常糟糕的行为，对吧？但是，假如鲍伯实际上是一个名声很不好的坏家伙，他以完全不留痕迹的方法偷了查理的钱，而且在法庭上永远也证明不了他的恶行，那将会怎么样呢？也许，我对爱丽丝的看法将有所改变。也许，我会从此将她看成罗宾汉式的女英雄。

实际上，追踪谁对谁做了什么，解释我们看到的人们彼此之间的所作所为，可能十分困难，因此必须求助于语言、符号和做出道德判断的能力。就像当代两位最杰出的数学生物学家卡尔·西格蒙德（Karl Sigmund）和马丁·诺瓦克用不太正式的术语所表达的那样：“我们认为，间接互惠的高度复杂性，为人类语言和人类智慧提供了可选择的模子。”当我们审视亲缘选择、直接互惠、间接互惠和其他一些互惠模型时，如果所针对的人群是彼此经常碰面的（进化生物学家称之为“结构化人群”），从结果看，合作都保持得非常好。在谈论进化生物学的发展历程时，圣塔菲研究所的大卫·克拉考尔（David Krakauer）这样对我说：“我们过去习惯认为，合作行为是难以保持的，也不多见。不过，现在我认为，在略有结构的人群中，合作是非常容易保持的，因此，也更为常见。”

群体选择是一种有效的进化机制

利用互惠（包括直接互惠和间接互惠）概念，我们可以对很多无私行为做出解释：无私意味着帮助别人时需要助人者付出代价。但是，还有很多事情无法利用个体水平上的互惠概念给出解释。我们来看一下动物世界的另外一个例子，这个故事既不像真人秀节目，也不像神话故事，倒很像科幻电影。

> “矛形双腔吸虫”（dicrocoelium dendriticum）是生命周期非常奇特的寄生虫。它在牛或羊的肝脏里进行一代有性繁殖，然后，它的卵随粪便排出，并成为陆地蜗牛的盘中餐。这些寄生虫会在陆地蜗牛的体内无性繁殖两代。再然后，这些寄生虫会以黏球的形式离开陆地蜗牛，黏球又成了蚂蚁的食物。大多数黏球进入蚂蚁的膀胱，它们在那里等待下一个周期。可是，还会有一两个黏球进入蚂蚁的食道下神经球或者神经中心，它们可以在那里操控蚂蚁的行为，强迫蚂蚁晚上爬到草叶的顶端，而不是回到蚁巢。这增加了蚂蚁连同寄生虫群体被牛羊吃到肚子里的可能性。强迫蚂蚁晚上爬到草叶顶端的寄生虫在能够繁殖之前就会死掉，但死得其所。最后，那些在蚂蚁的膀胱里耐心等待的寄生虫，又开始了一个新的生命周期。这些流氓寄生虫有效地控制了蚂蚁的大脑，它们就像是自杀炸弹，或者神风特攻队队员。

从进化适应性的角度来看，具有改变蚂蚁行为的遗传易感性的寄生虫并不能活下来并将其基因传给下一代，而其他寄生虫的基因却倾向于退缩而让这个可怜的家伙送命，这样就把它们的基因遗传下来了。那么，这样一种行为模式究竟有怎样的存在基础呢？没有哪种互惠模式能对此进行解释，因为这个个体无法存活下来进行繁殖，也就无从谈及回报了，不论回报是直接的还是间接的。

这一问题的答案是，进化也可以偏爱对群体有利的行为，群体的成员会为了其他成员的利益而牺牲自己，即使这剥夺了个体生存下来的机会。30多年来，我们称之为群体或多级选择理论的这一答案，并不被主流进化生物学所接受。群体选择的更早表述，即“物种生存而不是个体生存”的观点在20世纪50年代和60年代初就被大家所熟知。但是，这一观点招致了广泛的批评，因此，到了60年代末，群体选择基本被排除在主流思想之外。生物学家坚持认为选择发生在个体水平上。实际上，就像道金斯告诉我们的，选择发生在基因水平上。但以戴维·斯隆·威尔逊（David Sloan Wilson）为代表的一些研究者的成果，让关于这一问题的争论持续了下来。最终经过40多年的理论完善，再加上新的证据以及对过去一些证据的重新解释，群体选择理论已被广泛认可。今天，这一理论不仅具有崇高的地位，而且是解释我们观察到的众多合作行为的必要工具。

还是让我们以那个自我牺牲的寄生虫——“矛形双腔吸虫”为例吧。假设有50个寄生虫的群体以一个黏球的形式进入蚂蚁的身体，很显然，在这个群体内，如果你的基因让你进入蚂蚁的大脑并指挥它爬到草叶的顶端，那就意味着你还没有到达牛的肝脏里进行繁殖就已经死掉了。

但是，如果我们从携带这种基因的寄生虫群体的角度来看，情况就不同了。假设在由50个寄生虫组成的群体里，有10个寄生虫携带了这种基因。那么，对于携带这种基因的寄生虫来说，生存的概率就是9/10。一旦有一个寄生虫进入到蚂蚁的大脑且死掉了，那么，现在就只有9/49的寄生虫携带了这种基因，而不是10/50。可是，这9个个体与任何一个内部没有自我牺牲者的群体中的任何9个个体相比，到达牛的肝脏并繁殖后代的可能性更大。这9个寄生虫开始繁殖后代时，它们的特质在无性繁殖阶段得到了进一步扩大（此时，既不能让这一特质混杂其他内容，也不能让这一特质弱化），下一代生下的若干个体中，可能每个个体都具有这一特质。换句话说，每个个体突变的寄生虫在这一群体内的适应性较低，但是，从整体角度看，拥有自我牺牲者的群体具有更好的适应性，跟没有自我牺牲者的群体相比，它们更有可能繁育出后代。

基因和文化对合作的影响

群体选择理论对人类学家罗伯特·博伊德（Rob Boyd）和彼得·里彻森（Pete Richerson）的开创性工作非常有帮助，他们将进化模型应用于文化差异，试图解释基因与文化之间的相互作用。他们发现，与其他特质类似，文化特质在某种程度上也会进化。也就是说，能够提高群体适应性的文化习俗将会长久地存在下去，而不能改善群体适应性的文化习俗将会消亡。与遗传特质相比，文化习俗的改变、接纳和模仿，又快又容易。结果就是，在相距不太远的群体或者时间相隔不太久的群体之间，文化习俗会产生很大的差异，有些群体创造出来的文化习俗会让他们在合作上比其他群体更有效，或者合作的范围更广。毫无疑问，与不鼓励这些合作行为的社会或文化相比，鼓励这些合作行为的社会或文化更有可能如愿地生存下来，特别是在颇具挑战性的环境下。

最典型的例子，就是发展出尚武文化习俗的文化（回想一下美国人关于伊拉克战争的争论吧，人们频繁引用的一句话就是“向我们的军队致敬”）。在这种文化背景下，服兵役从文化角度来讲是受尊重的，而在另外一种文化背景下却并非如此。在第一种群体中，人们愿意为群体利益而冒生命危险到战场上去厮杀，如果不适合上战场，他们就贡献出自己的特殊技能，比如制造武器或者提供情报；而在第二种群体中，人们不会这样做。如果这两个群体爆发战争，结果是不言而喻的。就像具有自我牺牲突变体的寄生物群体更有可能将它们的基因传给下一代一样，相对于战败的群体而言，赢得战争的群体更有可能将其文化习俗传给下一代。这并不是说文化特质总是适应的或者积极的，它也完全可能因失控而导致不必要的冲突。因此，文化也倾向于将群体忠诚的文化习俗传承下去，将因此而带来的破坏减小到最低程度。

海牙街道上的一幕，给我上了生动的一课：我来到一条满是酒吧的街道，酒吧里的电视机声震耳欲聋，声音嘶哑的荷兰球迷正在观看2008年欧洲杯荷兰队与意大利队的比赛，他们大声地喊着、喧闹着，情绪激动地沉浸在比赛之中……此时，警察静静地站在后面，将他们与广场隔开，以确保激进的民族主义不会因情绪失控而引发真正的骚乱。

幸运的是，人类是有道德的生物，文化适应并不需要做得好的一方征服做得不好的一方。与遗传适应不同，文化适应可以通过模仿进行传播，而不仅仅依靠繁衍遗传。当一个群体看到另一个群体能通过合作赢得战争，或是能活得更舒服一些，或是能更有效地消除饥饿时，它就会开始借用或者模仿那些可能获取成功的文化。当然，成功可能与这些文化完全无关，采纳和推行这些做法也毫无适应意义上的价值，但是，这些差错与遗传进化中突变的作用一样，有时也会收到意外的惊喜，如犹太教和伊斯兰教中的饮食教规或者合法食物，让人们学会了许多卫生的食物加工和储藏方法。这也就是说，文化特质与遗传特质有着类似的进化机制——也许进化得更快。

但是，如果不适应的文化特质比遗传特质消亡的速度更快，那岂不是说：人类行为的进化完全是由文化决定的吗？这样的话该如何对基因做出解释呢？也许，一切都是后天培养的，而不是天生的。但问题依然存在，因为“一切都是后天培养的”并不能很好地解释所有现象。我们来看一个合作文化的例子：投票。从整个进化史上看，这是一个很晚才出现的事物，因此一定深受遗传学的影响，甚至可以说，也许“投票行为确实存在着遗传构成”。几十年来，“自私的理性人”理论都无法解释投票现象。主要困惑在于：一个人的投票影响选举结果的可能性微乎其微。因此，几乎任何投票成本，例如到投票站投票所花费的时间或者车费都会高于预期收益。但是，全世界仍有不计其数的人每年都要参加投票，这说明文化在合作中发挥着极其重要的作用，至少对于这一特定现象来说是这样的。那么，对于这样一个存在历史不超过200年的行为来说（就大多数地方而言，投票在20世纪才发展为全民行为），基因与它有着怎样的关系呢？

合作实验

2008年的《美国政治科学评论》（*American Political Science Review*）上，詹姆斯·富勒（James Fowler）、劳拉·贝克（Laura Baker）和克里斯托弗·道斯（Christopher Dawes）在洛杉矶地区进行了一个针对400个同卵双胞胎和异卵双胞胎的抽样调查。研究中的所有双胞胎都是一起长大的，这就是说，他们在社会经济地位或政治信仰方面没有任何差别。研究表明，遗传构成不仅对我们把票投给谁有重大影响，而且对我们“是否投票”也有非常大的影响。当研究人员分析洛杉矶的实际投票人记录时，他们发现，相对于异卵双胞胎来说，同卵双胞胎在“投票或不投票”问题上表现出相同行为的可能性更大（但他们在将票投给谁这一问题上的表现并不一致）。实际上，在进行各种各样的统计分析后，富勒和他的同事们发现，由基因所导致的行为一致的比例稍大于50%。

大多数人无法理解，仅存在100年的一种社会行为，怎么可能存在基因基础呢？100年在整个进化史上只不过是短短的一瞬，投票基因不可能在如此短暂的时间里得到进化。

假设存在一种名为“尽责性”（conscientiousness）的遗传人格特质，它代表人们抑制自私冲动、遵守义务的程度，是人们进行决策时需要考虑的因素。现在，我们将博伊德和里彻森的理论考虑进来。假设过了1 000年后，某些文化对“尽责性”给予奖赏与尊重，而另外一些文化没有。在“奖赏与尊重”的文化环境下，具有“尽责性”遗传倾向的群体将兴盛起来。由于他们将被视为更值得拥有的伴侣，因此将有更多的机会繁衍后代。这就是说，随着时间的流逝，这样的人越来越多。这些文化能更有效地维持合作，因为即便没有直接的监督、惩罚或者奖励，人们也会循规蹈矩地稳妥行事。

而后，随着时间的发展，文化习俗和遗传倾向更加趋向一致。因此，如果突然出现了一种新行为（例如投票），而这种行为从社会角度还可以理解为“做正确的事”，那么，在这样的社会环境下，你可以认为携带“尽责性”特质的那些人将开始通过投票或其他方式来展现它。因此，在假设这种人格特质可遗传的条件下，你就可以做出一个似是而非的解释：人类的一种全新的行为如何拥有明显的遗传构成。

研究表明，人格特质①实际上只在一定程度上是可遗传的。几年前，托马斯·布沙尔（Thomas Bouchard）和马特·麦圭（Matt McGue）发表了一篇涉及双胞胎、收养和心理学研究的评论文章，文中分析了遗传因素对心理和人格差异的影响。他们的结论是：平均来说，人格特质的遗传比例是

① “尽责性”只是应用最广泛的五个人格特质之一，其他四个特质分别是外向性、情绪不稳定性、亲和性和开放性。

42%～47%，而同样的环境因素，如同样的家庭环境，则与人格毫不相干。此外，还有一项重大的研究成果告诉我们：其他社会态度也是可遗传的，例如保守或者虔诚。

这就是说，并不存在一种投票或宗教信仰基因，或者是与任何单一行为有关的基因。但是，如果有适宜的文化条件，确实存在很多让我们倾向于投票、信仰宗教或者是上战场杀敌的基因。就像道金斯几年前所说的那样，“存在着这样一种基因，当我们身处宗教文化环境中时，它让我们的大脑倾向于信仰宗教”。对于合作及其他亲社会行为，同样的说法依然成立。

只要我们对行为心理学多一些了解，就可以更好地理解“基因在与文化互动方面发挥着怎样的作用”。就拿信任来说吧。信任别人是合作中的关键要素，因为人们不太可能与他们不信任的人合作，这些内容我们将在随后几章进行讨论。

合作实验

过去几年里最令人意想不到的一项动物研究工作是大脑中化学催产素对野鼠信任形成的影响。研究人员对草原鼠和松鼠进行了比较。“一夫一妻”的松鼠交配之前雌雄松鼠要在一起很长一段时间，而“一夫多妻”的山地鼠和草地鼠很容易就能交配。他们发现，与“一夫多妻”的野鼠相比，“一夫一妻”野鼠的大脑中，很多区域都存在高浓度催产素接收器。换句话说，更多的信任关系发生在大脑中催产素感受力强的动物之间。这一见解引发了一系

> 列研究工作，目的是研究催产素对人类是否也有类似的影响。在最新的一项研究中，被试被邀请参加一个“信任游戏”。游戏规则是这样的：一个被试从实验者那里得到一笔钱，他可以根据自己对同伴的信任程度将钱分给对方一部分。然后，实验者将被试分给同伴的钱数放大三倍，这时，同伴可以根据自己的意愿从增加了的钱中分给第一个被试一些。游戏的设计意图是，第一个被试对同伴的信任度越高，他得到的“总”回报也越高。但是，由于第二个玩家获得的钱可以分给第一个玩家，也可以不分给他，因此，第一个玩家必输无疑，除非第一个玩家相信第二个玩家会回报给他。

我们在下一章将会看到，从观察人们怎样玩这种游戏中，实验经济学家已经得出了关于人类行为的种种结论。但最有趣的是，当向一些被试的鼻子里喷洒一些催产素时，这些人更有可能信任他们的同伴，并会把更多的钱分给同伴。换句话说，我们的结论是：人格特质，比如信任倾向，似乎存在生物学上的构成，也就是说，具有遗传基础。

这样就形成了一个完整的循环。行为受人体大脑的影响，大脑又受基因的影响。文化把选择压力施加到个人头上，迫使他们遵守某些行为规范。对不同的人来说，遵守这样的行为规范的难易程度也是不一样的，要视他们的基因倾向而定。随着时间的推移，那些拥有更遵守行为规范的基因，并且行为能达到被文化认可程度的人将越来越多。这些人组成的群体会利用他们的倾向性形成各种有益的合作形式，于是，这样的群体就有更大的机会生存下来。这就是博伊德和里彻森所说的基因 - 文化协同进化。

合作洞察

我们得到的结论是：基因、社会动力学、文化和进化的组合效应推动了事情的发展。当然，这些因素之间的相互影响还是一个谜，从某种程度上来说，有点像“鸡生蛋、蛋生鸡”问题。威尔逊认为，是基因影响文化，而不是文化影响基因。但博伊德和里彻森认为，人的行为、情感和信仰既受基因的影响，也与他们的文化习俗有很大关系：文化影响基因，基因也影响文化。他们的意思是说，基因用拴狗带拴住文化，但是狗已足够强大，可以将那个拴狗带拖到很远很远的地方。关于是先有鸡（文化）还是先有蛋（基因）这个问题可以这样来看：倾向于合作的人将会采纳促进合作的那些文化习俗，而进化更加偏爱那些具有合作习俗的文化。结果，就有了今天的我们。

那么，我们该怎样解释为什么自私、残忍甚至邪恶仍然在现实世界中存在呢？原因有两个，而且差别很大。

第一个原因是，互惠体系并不完美，因此某些自私的人会钻空子，他们让那些合作的人吃了不少亏。另外，基于群体选择的体系也并不要求群体内的所有人全都遵守规则，这样，倾向于自私的人当中也会有一部分人钻空子。探寻人类行为的多样性和良好合作体系的可能性正是我写作这本书的原因。

第二个原因是，“好的”与“合作的”并不总是一回事儿。实际上，人们相互之间最残忍的、最不人道的对立行为，都是标榜为深度“合作的”那些人干的。在我们的文化里，“合作的”通常被认为是“友好的”或“慷慨的”，或者用一个字来概括：“好”。这是一种文化适应性。在增进合作的众多方式中，有一种方式是依靠行为规范。但是，在一种社会环境下，“好”可能会展现出多种多样的形式，而在另外一种社会环境下，它的道德含义可能完全不同。例如，极端民族主义或者群殴可以让人们展现出高度合作的行为，有些人会为了群体的利益牺牲自己。

但是，从群体外部的角度来看，这些行为有可能导致可怕的暴行，例如自杀式炸弹袭击，或帮派成员冒着生命危险杀死对立帮派的成员。不管怎么说，这确实让我们对文化线索（Cultural Cues）做出了反应，让我们感觉到与周围这些人建立了团结、共情和信任关系。这很容易让我们受到关于对与错、公平与不公平等道德判断的影响，而这些判断都是由“我们特定的文化所界定的”。这些倾向是否会被用于我们称之为“好”或者“不好”的事情上，在很大程度上取决于我们如何根据自己的社会和文化信仰，解释我们所看到的、发生在别人身上的行为。

那么，我们该如何理解合作进化方面的这些研究成果呢？一方面，这些新发现意义重大，它们为我们搭建了一个科学框架，让我们明白了人类是如何成为今天这个样子的。另一方面，它们只是在发挥间接作用，因为考虑到我们在基因和社会方面的差异，人们还是可以大体上判断出每个人在各种不同的情况下会做出怎样的反应。因此，如果我们想“建立一个社会，在这个社会里，每个人都为了大家的共同利益而慷慨无私地合作”，那么，我们一定要记住，**建立社会的目的不是为了基因，而是为了具有不同心理特点、行为反应和文化习俗的人**。

人们仍在迷恋自然科学，所以他们仍在阅读“自然之书”。我们仍在努力从科学中寻找答案，以便弄清人类的起源和真实人性究竟是什么，我们应该怎样生活。在回答关于人类自身和我们的意图等核心问题时，科学是最强有力的工具。我们不能否认科学的重要性，也没有必要这样做。但是我们也要明白，在合作问题上，生物学有其局限性。如果想弄清楚合作行为究竟是怎么一回事儿，我们还要借助于行为与社会科学、历史、技术、法律和工商管理等领域的知识。我将从这些领域寻找一些方法，以解开人类的合作之谜。每个方法只能解决其中的一部分问题，每个方法又都要求我们对当前的信念和做法做出些许改变。没有哪一个方法是完美的，但我们别无选择，只有继续努力。

THE PENGUIN AND THE LEVIATHAN

How Cooperation Triumphs Over Self-Interest

第2章

关键要素2：心理影响与社会影响

在做出行为决定时，我们首先要准确描述我们所处的情境，这就是所谓的“框架效应”。由于框架效应的存在，人们在相同的情境下会表现出不同的行为。另外，社会资本、信誉和社会感染共同组成了改善合作的三大社会动力。

在华盛顿广场公园，我跟孩子一起坐在地上玩耍。一帮孩子在沙箱内用玩具卡车挖沙子。其中一个孩子正在从另一个孩子的手里抢夺玩具卡车，两个孩子你抢我夺互不相让。这时，第一个孩子的妈妈走了过来，耐心地向她的孩子解释说，你应该把自己的玩具拿出来跟别人一块玩儿。孩子松开了抓着玩具卡车的手，作为回报，与他争抢玩具卡车的那个孩子露出了开怀的笑容，妈妈也向他投去温暖而赞许的目光。这位母亲穿着讲究，具有投资银行家或律师的气质。她这样做是很自然的，换成别人也会如此。但如果换作关于年度奖金或者一个案子中客户权益的谈判，她若仍采用处理孩子争夺玩具卡车的方法就完全错了。这个简单的场景明明白白地告诉我们：社会环境左右了我们对他人的态度。我们从这一场景中看到了别人是怎么对待我们的，我们又是怎么对待周围那些人的。我们是怎样学会灵活处事的呢？

为什么正常的成年人在不同的背景条件下会表现出截然不同的行为呢？毫无疑问，我们有时可以摆脱自利的束缚，有时又很在意自身的利益。

从心理学视角看合作

如果说上一章介绍的是进化力量促使人们开展合作，即告诉我们为什么人类和人类社会能够生存下来并兴盛起来，而缺少合作的社会却没那么走运，那么，这一章要讨论的就是决定我们如何在各种各样的条件下表现出合作行为的心理与社会力量。让我们思考一下在儿童玩耍的场地上发挥作用的基本力量吧。这里显然存在一种利己的素材：那辆玩具卡车是我的！在心理学领域，有关道德培养的研究已经不再“时髦”，但是让·皮亚杰（Jean Piaget）及后来的劳伦斯·科尔伯格（Lawrence Kohlberg）的经典研究成果，以及最新的研究结果都认为，道德和遵从都是随着儿童的成长而逐渐发展起来的。三四岁的幼儿仅能把世界看成是与自己密切相关的，也就是一种被皮亚杰称为“以自我为中心”的状态。随着逐渐长大，他们拥有了认知和遵守规则的能力。但是，只有当他们具备了从他人的角度看世界的能力，或者理解了关于“什么是对的和什么是错的”这类更为抽象的概念时，我们才能说他们成了有道德的人。

尽管在心理学界人们对道德究竟是如何形成的，以及哪些教育方式能最有效地帮助孩子形成道德识别力等细节还远没有达成共识，但人们对于道德的大致发展轨迹似乎有着相近的看法。大多数人认为：即便关于对与错的抽象思想确实形成了，如果所处的条件不同，人们的看法也差别很大。不管是分享玩具卡车，还是在公司困难时期放弃涨工资或奖金，我们对于境况的解读将引发一系列情绪和认知反应，这些反应决定了我们是否选择合作。

与上一章讨论的进化相比，这些背景信息和人们的反应在设计人类合作体系时显得更加重要，如维基百科或是 Kiva 这样的技术平台，公司管理结构的组织框架或是管理某些共用资源的法律，等等。实际上，我们最想知道的是，如何总是能让人们对某一境况做出合作性的反应，而不是做出自利性的反应。当然，获取答案的途径并不是唯一的，本书从头到尾都在反复强调这一点。有时，我们要依据理论；另外一些时候，我们要依靠严格的实验；还有一些时候，我们只是简单地在现实生活中行之有效的体系中搜寻可利用的证据。至少到目前为止，我们还没有找到一个更好的办法。众多的经济模型都是建立在"人类完全受自利所驱使"这一假设基础上的，毫无疑问，它们的有效性极其有限。心理学和社会学模型虽然灵活得多，却不够精确。而且，案例研究也不可能总是得出一般化的结论。因此，为了更全面地认识合作是怎么一回事儿，我们最终还是要将所有这些模型结合起来。

无论是经济学、管理科学，还是人类进化生物学，它们对人类众多行为所进行的研究，都比心理学逊色。当然，很多人并不认同这一点。

- 首先，心理学认为，人的行为不是仅由利己主义一个因素驱动的，人的行为还取决于需求、目标或者价值观等众多因素，往往是下意识的。

- 其次，心理学认为，驱动人类行为的需求、目标和价值观不是一成不变的，它们会因境况不同而发生变化。
- 最后，心理学认为，面对相同的信息和背景条件，并不是所有人都能做出完全一致的反应。心理学要探讨的是个人差异和个性所发挥的重要作用。

我们先来讨论这些基本的驱动因素或动机：需求、目标或价值观。最耳熟能详的需求心理学理论非亚伯拉罕·马斯洛的需求层次理论莫属。位于需求金字塔底端的是最基本的生理需求，然后自下而上分别是安全需求、情感与归属需求和尊重需求，最高的需求是自我实现。另外一个著名的需求理论（我们将在后面几章讨论）是爱德华·德西（Edward Deci）和理查德·瑞安（Richard Ryan）提出来的。这一理论认为，人有三个最基本的需求：自主、能力和关系。

在影响人的行为方面，目标与需求的作用是类似的，不过，目标的作用更大一些，这就是说，我们会有意识地为实现它们而努力。第三个驱动因素是价值观，这一因素具有明显的社会导向特征。谢洛姆·施瓦茨（Shalom Schwartz）在这一问题上进行了广泛而深入的研究，他提出除了善良、普遍主义和传统以外，价值观还包括享乐主义、成就等其他更为自利的激励因素。既然“需求”包括“他人的尊重和道德”，而“价值观”包括“激励因素”，那你就应该明白为什么从广义上说，我会把价值观和需求等同看待。就我们所关注的事情来说，这些细小的差别并没那么重要。关键问题是，我们要认识到每个人的行为动机都受多种力量的影响，有一些是有意识的，有一些是下意识的，而不仅是受物质激励那么简单。在影响人类行为的众多驱动因素中，有些是物质的，如你需要用钱摆脱饥饿或痛苦，而另外一些是社会的，如得到尊重或避免蒙羞。就某个时间点来说，什么对我们最重要，答案千差万别，要视当时的具体情形而定。

有一次，送孩子到音乐学校之后，我向停在旁边的汽车走去。在我前面停车的是一对母子。小男孩看上去大约3岁，母亲正设法让他上车。“如果你还哭，并且在我数到5个数的时候还不上车，就扣掉你5分钱零花钱！”母亲对他说，“5，4，3，2，1。好了，扣掉5分钱。现在，要么上车，要么再扣掉5分钱。”孩子仍然站在车外，不屑地跺着脚。那个小男孩并不在意他的零花钱。在他那个年纪，他还不能真正理解零花钱究竟意味着什么，因此，母亲的做法无法达到调整孩子行为的目的。对于这个小孩子来说，从零花钱里扣钱是一个太过抽象的概念。

我住在马萨诸塞州剑桥市，离哈佛大学和麻省理工学院都挺近的，我估计，这个母亲可能是一位经济学家，但更有可能的是，她正在学习经济学。她的行为很好地证明了：有的模型关于“人们对各种激励因素会做出怎样的反应”的假设过于简单，用这样的模型指导我们的行为将使我们面临巨大的风险。如果我们将全部的动机都理解为“激励因素”就大错特错了。在不同的情形下，我们的需求、目标和价值观有很大的差别。那位母亲本可以不用威胁惩罚这个小孩子，而是利用他对赞同和爱的需求。比如，她可以对他说："孩子，我爱你。你不觉得你已经是一个大孩子了吗？你不用别人的帮助就可以坐进车里,对吗？"我能很轻松地写出一个数学模型来证明这个办法更有效，我需要做的就是增加一个参数，即"孩子对母爱的重视"。但是，这种模型只不过是把我在别处体会到的东西记录下来的一种简单方法。在帮助我们理解人类的动机方面，这种模型并不会真的发挥多大作用。这就是为什么我必须求助于心理学的原因。

透过"框架"看世界

心理学给我们带来的第二个好处就是它对情形框架的关注。简单地说，**框架是指我们对一种情形、关系或者背景情况的描述。**我们在做出决定的时候，首先必须描述清楚我们所处的情形，即使是经济学家也不得不承认这一点，行为经济学称之为"框架效应"。行为经济学之父阿莫斯·特韦尔斯基（Amos Tversky）和丹尼尔·卡尼曼（Daniel Kahneman）认为，人们将会依据如何描述一种情形而做出各种不同的决定。例如，打赌时我们愿意冒多大风险，取决于赌注被描述为损失风险还是收益目标。行为经济学家已经知道，人们这时往往会表现出"损失厌恶"（loss aversion）：他们拒绝接受描述为可能损失的赌注，若描述为可能收益，人们就很乐意接受相同的赌注。不计其数的实验已经证明，不容小视的框架效应普遍存在。

今天，尽管“框架”因为这些“非理性行为”而广为人知，但关于这种情形及其对我们需要什么、能做什么或者应该做什么的影响，一直是社会心理学所关心的内容。社会学家欧文·戈夫曼（Erving Goffman）称之为框架分析。观察情形框架对合作的影响是一件非常容易的事，在简单的背景条件下就可以做到。

合作实验

有一个最简单的例子，人们称之为华尔街与社区游戏实验。心理学家李·罗斯（Lee Ross）和他的同事将被试分为两组，让每个组都来玩标准的囚徒困境博弈。在囚徒困境博弈中，两个人按以下规则决定合作还是不合作。如果玩家 A 合作而玩家 B 不合作，那么玩家 B 可以得到 10 美元，玩家 A 什么也得不到。如果玩家 B 合作而玩家 A 不合作，那么玩家 A 可以得到 10 美元，玩家 B 什么也得不到。如果玩家 A 和玩家 B 都不合作，两人各得到 2 美元，如果玩家 A 和玩家 B 都合作，两人各得到 5 美元。两个玩家必须在不知道对方将会做出什么决定的情况下做出决定。很显然，对他们来说，两个人都选择合作的结果要好于两个人都拒绝合作的结果，拒绝合作在这个博弈中被称为“背叛”。但由于双方都无法相信对方会选择合作，所以只能在不依赖对方选择的情况下按照自己的利益做出选择，博弈论给出的确定无疑的预测是：双方都将选择背叛，这样才能确保自己至少得到 2 美元，而选择合作将要冒一无所获的风险。但实际上，无数实验结果证明：实验室里被试选择合作的次数远远多于理论预测。

罗斯版实验的特别之处在于：他们对一个小组说他们玩的这个游戏叫“社区博弈”，而对另一个小组说他们玩的这个游戏叫“华尔街博弈”。规则相同，回报也相同，唯一不同的是游戏名称，即框架。实际情况是，人们选择合作的意愿会因他们被告知的游戏名称的不同而出现很大的差异。如果他们被告知玩的是“社区博弈”，他们选择合作的次数为 70%；如果他们被告知玩的是“华尔街博弈”，他们选择合作的次数仅为 33%。由此可见，仅仅使用“社区”和“华尔街”这些承载文化含义的词汇,就足以造成截然不同的结果。因为“社区”意味着合作和友好分享，而“华尔街”意味着你争我夺和自私自利。

这些标签影响了这些参与者对别的玩家做出的判断，进而影响了他们自己的行为。换句话说，如果你知道被试自认为正在玩“社区博弈”，你预计他们会合作的可能性就大一些，于是，你可能更愿意冒合作的风险（还可以假设你不是完全为自己考虑的人，你也不想被视为骗子）。无论是文化内涵的影响，还是与人们对他人回应的判断有关，有一点是毫无疑问的：情形框架足以让合作程度产生重大差异。人们对美国的大学生以及以色列的空军飞行员都进行了这样的分组研究，得到的结果也一样。

更有意思的是，当罗斯和他的同事们要被试的老师和指挥官根据他们平时对每个人品行的了解，预测一下谁会选择合作、谁会选择背叛时，结果却告诉我们：在预测人的实际行为这件事上，根据游戏如何描述（框架）得出的结果，远好于这些人的老师和指挥官的判断。只需简单地将实验描述为“社区博弈”，现实生活中表现为自私自利和完全为自己考虑的人，就会变成与他人合作的人，反之亦然。

到目前为止，在理解究竟是什么导致了人类行为上的合作或者自私这一问题上，我们找到两个重要的心理因素：一方面，我们有着多种多样的需求和目标；另一方面，情形描述对于人们如何被“触发”（有些心理学家称之为“激活”）具有重要作用。

我们在预测人的行为时需要考虑的第三个重要心理因素，是人与人之间的差异，或者简单地说，就是人格。目前，在社会心理学或认知心理学方面，人们的关注点还不是人与人之间的差异，而是“平均”反应。换句话说，人们的关注点是大多数人是怎样对某个情形做出反应的，以及相对于正常反应来说，什么才是异常反应。而人格研究的关注点是差异，即我们如何才能预测相对于平常人来说，这个人在这种情形下会怎样做。与需求、目标和价值观一样，人格的定义也有好几种不同的方法。

评价人格最常用的标准，被心理学家概括为“大五”人格（Big Five），即开放性（openness）、尽责性、外向性（extraversion）、亲和性（agreeableness）和情绪不稳定性（neuroticism）。利用其中的一些指标预测人们的合作倾向，并不是一件很难的事。例如，在某一情形下，尽责的人很可能会在特定的情况下遵守社会规则或社会线索做正确的事，这就是在上一章用它来解释现代合作行为的原因，例如投票，而开放的人很可能更信赖别人，因而也更乐意与他人合作。这在很大程度上依赖于直觉。但是，究竟哪些人格特质对合作有影响，以及个人的性格究竟是怎样让他对于合作的暗示或情形做出反应的，这方面的研究成果还不多见。

我们在实验中确实发现，在相同的情形下，人的行为常常大不相同：有些人选择合作，而另外一些人却选择不合作。“有些人本质上就是自私的，有些人本质上就是友好的、值得信赖的、善于与他人合作的”，这一源远流长的民间智慧，是否真的能经受住科学的推敲？人们对此进行的研究还很不充分。从直觉上看似乎没什么问题。但我们都知道，“好人有时也做坏事”。我们在第3章将会讨论到：本质上善于与他人合作的人，在行为上有时会害人不浅。因此，我们该如何设计一个激励人们相互合作、以共同利益为目标的体系呢？很显然，我们不仅需要心理学的帮助，还要去探索能激励人们以善为本的生物学因素和社会因素。

除了在心理学方面进行的概念性和观察性实验工作，包括需求、目标、价值观、框架和人格等，近年来，人们在神经科学方面也开展了广泛的研究工作，以弄清某些行为是怎样与大脑的功能关联在一起的。最新的研究工作主要是从生物学角度进行的，利用了先进的大脑成像技术以及通过化学物质和电信号对大脑进行控制，进而得出更为清晰的因果关系。例如，“如果你向被试的鼻腔喷射后叶催产素，他们就很容易相信别人”。因此，这种研究工作正在引起更多人的关注，并因为它新颖的科学性而备受尊重。我认为，社会科学中经济学的兴起，至少有部分原因是因为我们偏爱清晰的、确定的答案（相对于心理学其他分支中出现的定义不够严谨的理论来说）。

毫无疑问，当我们有某种情绪反应时，了解大脑的哪些特定区域会“处于兴奋状态”是非常有趣的，也很有意义。但是，如果想将此作为描绘人体功能系统的基础，则受到两方面的限制。

第一，在很多情况下，对于某个给定的触发或者激励信号，大脑中会有好几个部位同时做出反应。就像单个基因无法解释清楚人的所有行为一样，人对某个情形所做出的完整、丰富的反应，也不可能完全简化为生物学机制，即一切都取决于身体。

第二，大脑的大多数区域有着各种各样差别很大的反应。这就告诉我们，“意识仅跟身体有关，我们可以将每个行为或情绪与大脑的特定区域对应起来”的观点，不仅很吸引人，也几乎可以确定是一个生物学问题。但大脑反应与互动区域的灵活性也预示着，能否将这些反应转化为有效的行动计划具有高度的不确定性。如果我们研究的是上瘾等社会现象，或者是变态等极端异常现象，毫无疑问，生物学确实能提供极为重要的见解。但是，如果我们的关注点是普通人在各种情形下的正常功能，生物学的作用可能就不大了。

神经科学告诉我们，当我们与他人合作时会触发一个奖励电路，这提供了一个科学依据，证明了至少有些人是真的想合作，因为这会让他们感觉良好。

凯文·麦凯布（Kevin McCabe）与同事的研究结果显示，当人们信任他人时，他们确实得到了奖励。詹姆斯·里林（James Rilling）和同事的研究结果显示，当我们与另一个真实的人玩而不是与电脑玩时，大脑的兴奋状态也存在很大的差异。但是，人的行为极为复杂，仅从神经科学、生物学的角度去认识大脑，无法对精确的行为模式及对社会激励信号和背景条件的精确反应给出完整的解释。如同进化论一样，适用于大多数道德和行为问题的大脑生物学，在准确回答“如何改进实际的功能性社会体系”等问题时显得无能为力。

当我们重点审视合作行为的驱动因素时就会发现，神经科学和生物学领域的一些非常有益的、富于洞察力的研究成果，为人类行为中的共情或者道德的实验性和观察性研究成果提供了补充。但在很大程度上，我们还无法找出生物学上的大脑功能与合作的直接关联。（也许我们应该在联合国安全理事会下次开会时，试着将后叶催产素喷洒到空气中，那样可能会发生有趣的事情。但最终，它更有可能用在汽车经销商门市部的通风系统上，而不是国际条约谈判中。）

社会资本、信誉和社会感染，改善合作的三大社会动力

不管你信不信，你都无法在纽约市申请到一份门卫的工作，因为没有招聘广告，没有招聘信息，也没有在线应聘。正像彼得·贝尔曼（Peter Bearman）几年前说的那样，在纽约当门卫“既是不可能的，又是非常容易的”。纽约的门卫是通过社会网络来物色的，而且只通过社会网络物色。为什么？因为如果某个人不值得信赖，甚至可能危害一座大楼里众多居民的安全，那么，雇他做门卫的风险就特别大。但仅仅靠常规的市场体系远不足以防范这个问题，而依靠信誉建立的社会网络，却能更好地保证选定的这个人不会滥用这一包含信任关系的工作职权。至少，纽约市公寓大楼的管理人员大多是这么认为的。

“信誉与社会网络对于经济活动极为重要”这一观点，是马克·格兰诺维特（Mark Granovetter）的著作《找工作》（*Getting a Job*）的基础。这一观点的主要内容为，**一定有某些东西让你比作为一个普通员工或者经理更有价值，它们仅与你的社会连接有关，而不取决于你的受教育程度、技能或者勤奋。**换句话说，拥有一本里面每个联系人都有丰富社会关系的电话簿，无疑是一笔经济财富。

社会资本是能够改善合作的三个重要社会动力之一。在这些社会动力中，社会资本与自利假设最为一致，因为随着时间的发展，社会资本能为你带来更多的好处，例如帮你找一份工作。而且，社会资本能够产生经济效益，就

如同门卫那个例子一样。社会资本的好处还不仅局限于物质利益。在某些方面，社会资本完全不同于金融资本，因为你不能总是用钱来购买社会资本。

> 假设你要去一家高级律师事务所面试，你可以从两个资源中选择一个帮你搞定这份工作。第一个资源是一个装有5万美元的信封，可作为招聘主管的好处费，用以换取这份工作；第二个资源是装有你叔叔写的推荐信的信封。你叔叔与招聘主管曾是法学院的同学，刚参加工作时，你叔叔曾作为公诉人与她共事，并且现在每年在各种社交场合仍能与她见上两三面。相比之下，哪个信封更有可能让你得到这份工作？一般来说，特别是在大型的、执业多年的美国律师事务所，答案是显而易见的。如果你送给招聘主管5万美元，她将会视其为“贿赂”，并认为你并不适合这份工作。但如果你递给她一封推荐信，将很可能对你有所帮助，甚至可能会成为决定性因素。

这就是说，对于社会上的某些互动或交换来讲，拥有社会关系比拥有金钱更加有用，也更有价值。有时金钱不起作用，可能是因为用钱去摆平某些事情是犯法的，买选票就是一例；也可能是因为这与社会习惯或伦理规范相悖，前面的例子就是最好的证明。最重要的是，社会关系有自己的交换过程。就拿律师事务所这个案例来说，社会关系的价值可能是这样体现的：你叔叔花费他的社会成本让你得到了这份工作，通过聘用你，招聘主管又通过你叔叔和你积累了社会资本。这种资本本身又可以换回资源，也许是聚会邀请，也许是工作机会，类似地，它们又可以用来交换社会资本，等等。

虽然本例中的社会资本交换是在个人之间发生的，但实际上，社会资本也可以通过非直接的方式进行交换。大多数人都懂得，如果我们在别人眼里是和蔼、宽宏大量和值得信赖的，这对我们来说将大有益处。实际上，在关于经济利益的实验中，如果参加实验的人知道其他实验参加者将会看到他们的行为，他们就会表现得更愿意与人合作。因为他们认为：如果别人知道我们过去对待他们很好，这些人以后也会好好对待我们。在互联网上的合作体系中，信誉机制随处可见，这种机制在促进人们诚实守信方面发挥着重要作用。例如，eBay 的信誉系统就是根据买家在过去交易中的满意程度为卖家评级。因此，在设计合作体系的过程中，我们不可低估建立和公布信誉的重要性。

但是，信誉和社会资本绝不是合作体系中绝无仅有的社会力量，另外一个关键因素是社会感染。大量证据表明，我们的所有行为都在很大程度上受到身边人的行为的影响，即便我们完全不知道那种影响的存在。举个极其简单的有关个人选择的例子，如是否再吃一块饼干。我们都有过这样的经历。这非常像一个个人选择，对吧？我们要么发挥自己的意志力，要么妥协；要么克制自己，要么多吃一块饼干。有时我们会看着其他人心想：“我多么希望有那么好的身材啊！”我知道我能行。令人不可思议的是，2007 年 7 月的一个早上，我突然意识到，体重的增加并不是个人决定吃太多饼干的结果。实际上，我们只是“感染”了朋友、兄弟姐妹和配偶的肥胖！尽管这个观点并不是百分之百正确，却相当有意思。

合作实验

尼古拉斯·克里斯塔基斯（Nicholas Christakis）和詹姆斯·富勒[①]在1971—2003年进行的“弗雷明汉心脏病研究”中，对12 000多人进行了研究，并发表了一篇引人入胜的论文。在对被试的社会连接关系进行分析时，他们发现，肥胖的人的朋友、兄弟姐妹和配偶往往也是肥胖的。刚开始，这现象并未引起他们的注意。也许只是肥胖的人喜欢与肥胖的人在一起。但实际上，饮食习惯相同的人，比如兄弟姐妹或者配偶，将会一起长胖。不过，在这项研究中，对长胖的时间点所进行的研究表明，情况并非总是如此。实际上，在很多情况下，人们是在他们的朋友、家庭成员已经长胖了之后才长胖的。换句话说，肥胖会像病毒一样通过社会网络进行传播。研究结果表明：如果你的朋友长胖了，你也长胖的风险将增加57%；如果你的兄弟姐妹长胖了，你也长胖的风险将增加40%；如果你的配偶长胖了，你也长胖的风险将增加37%。总之，人们会“感染”身边那些人的饮食行为。

社会感染不但影响我们吃多少以及吃什么，还会影响到我们展现出什么样的合作行为。

一个有趣的例子是关于税收遵从（tax compliance）研究的。美国《税收

① 尼克拉斯·克里斯塔基斯与詹姆斯·富勒的著作《大连接》已由湛庐文化策划、中国人民大学出版社出版。——编者注

改革法案》（*Tax Reform Act*）在1986年通过之后，大多数立法者认为，由于惩罚及可能的审计，新税法的遵从度将会增加。可实际情况却并非如此。有研究表明，预测人们遵从度的唯一因素，不是罚金的多少或者其他惩罚，也不是被查到的可能性，而是在改革实施之前的3个月准备期里，人们都跟谁谈论过这件事。如果他们与一些表示自己将遵从新税法的人交谈，那么，他们后来就会报告说自己也打算遵从，反之亦然。

合作实验

在一个实验（这类实验很少）中，当明尼苏达州税务局向某些纳税人发信函，告诉他们大多数市民都交了税后（从全世界范围来看，美国的自觉纳税遵从率非常高，超过80%），他们发现，把所有因素考虑在内，与那些没有收到信的纳税人相比，收到信的纳税人申报的纳税收入出现了提升（扣除的非纳税收入少了一些）。澳大利亚税务部门也进行了类似的研究，他们向纳税人发信函告知他们，大多数纳税人都坚称过度避税是错误的，结果发现人们更愿意诚实纳税了。

我们在后面的章节将会看到，导致这种结果的部分原因在于，人们还是愿意遵守社会习俗的。但为了达到这个目的，我们必须知道其他人是怎么做的。我们必须能够看到和学到什么是社会适宜行为，这样，当我们行动的时候，就会照此去做。**只要身边的人是合作的，我们就更有可能是合作的。**

在下一章我们将会看到，合作的形成需要更多的社会力量共同发挥作用，包括与他人团结在一起，成为社区的一分子，并且对这个社区或群体极为关切，为了共同的利益，愿意做出自我牺牲。其中一些内容涉及我在本章开头提到的一些心理动机，特别是我们对社会连接的最基本的需要。

合作洞察

我们好像天生就需要他人。任何一个懵懂少年都会告诉你，没有什么惩罚会像社会孤立那样让人痛苦不堪，这就是为什么“单独监禁”被视为对囚犯最狠的惩罚。设计合作体系时，将人类对于社会连接的需要考虑进来是非常有意义的。我们在第 4 章中将会看到，只需提供一个建立与强化社会连接关系的手段，就能够让很多人参与进来。将来，在讨论一些被各种各样的组织用来促进合作的战略时，大量证据会告诉我们：最有效的战略一定是那些让大家有社区感和社会连接关系感的战略。我们不仅仅是一个一个的人，我们更是社会性动物。让我们成为整体的体系，优于将我们看成单独的个体的体系。

在接下来的几章里，我将利用翔实的社会学、心理学，甚至是生物学的证据证明：人类在很大程度上属于合作性动物，这与我们长期以来对自身的认识有很大出入。在究竟是什么左右人类的行为这一问题上，尽管我们从众多专业领域获得了不少新认识，但还未形成一个能够帮助我们全面理解人类行为的完整理论。我们知道，我们关心自己，也关心他人。我们知道，我们能够共情，能感受到与群体之间的天然连接关系。我们知道，我们遵从社会习俗。从某种程度上来说，只要我们认为是对的和公平的，就会付诸行动。我们知道，我们也关心某一情形下的社会力量，即别人是怎么做的，他们又是如何看待我们的。我们还知道，实际情况也大体如此，只不过会因人而异，因时而异罢了。但是，我们还是无法预测在某个具体时间点上每个人的行为究竟会怎样。

我们能够做的，以及我们希望在后面几章讲清楚的是，将我们对人的认识整合在一起，给出下面这个基本问题的答案：我们怎样才能建立一个合作体系，以保证人们不成为恶人呢？而这样的体系，不依赖于人们对惩罚的惧怕，不依赖于“利维坦”策略，不依赖于纯粹的奖励，也不依赖于金钱——“看不见的手”。换句话说，我们怎样才能利用科学理论来系统地改善“合作”策略呢？我们怎样才能通过相互制约和激励让自己成为好人呢？

第3章

关键要素3：共情和群体认同

我们天生就具有共情能力，有时宁可放弃自身的利益也愿意帮助他人。仅仅因为认同自己所在群体里的那些人，我们就愿意为这些人的利益而做出自我牺牲。“社区警务”就是警民团结、共同减少城区犯罪的最好例子。

我和家人永远都无法忘记电影《太阳帝国》（*Empire of the Sun*）开篇的场景。电影的主角是中国上海的一个小男孩，第二次世界大战期间，他和父母在躲避日本军队的过程中失散了。小男孩在周围横七竖八的尸体中翻找，但没有找到他的父母。我儿子看到这个场景很难过，他似乎感受到了和那个跟他年龄差不多大的上海小男孩一样的惊恐与痛苦，这让他无法承受。我们能理解这一点。在电影《屋顶上的小提琴手》（*Fiddler On The Roof*）中，特维的女儿霍德尔为爱远赴西伯利亚。当我看到特维在火车站向女儿道别的场景时，也曾感到心碎。实际上，只是写下这些文字就令我心里很难受。如果你是一个影迷，读到这些文字也许也会有同样的感受。这些情况表明，有一点我们是共通的，即我们体验着别人的痛苦，就好像是自己承受的一样。

人类是感情动物，我们关心他人，关心我们的孩子和父母，也关心我们的兄弟姐妹、朋友和同事。从某种程度上讲，我们中的绝大多数人，甚至会关心那些素未谋面的人，即使是一些并不真实的人，比如电影中的角色。我们当中肯定有不少人遇到过这样的场景：战地废墟上的孩子、被飓风摧毁的房屋、因疾病或饥饿而失去孩子的伤心父母，我们肯定会对那个人表示怜悯和感同身受，至少在某种程度上是这样的。这不只是我们对他们所处状况的一种想象，还是一种本能的情感反应。我们“感受”着他们的感受。

共情的力量

人们对共情现象进行了广泛研究。20 世纪 80 年代的一些早期研究成果关注的是最基本的现象，即婴儿听到别的婴儿哭闹也会开始哭闹。这一时期所进行的研究，多数是探索共情是如何在认知和情绪两个方面建立起来的。心理学家马丁·霍夫曼（Martin Hoffman）和南希·艾森伯格（Nancy Eisenberg）对共情进行了全面研究，他们认为，**共情是认知和情绪反应的组合，它们的共同作用是先识别出他人的情绪状态，然后再“复制”他人的情绪状态**。共情与同情是不同的。共情不仅仅是为某个人的不幸而表示惋惜，还是我们复制和体验他人情绪的一种能力。

神经科学的最新发展已经能够帮助我们识别出共情的一些生物学根据。

合作实验

在一项特别有说服力的研究工作中，塔尼亚·辛格（Tania Singer）和她的合作者对恩爱夫妻中的每个人轮流施加小幅电击，然后观察他们大脑的反应。当对妻子施加电击时，她们大脑中有三个不同区域被激活。一个区域处理身体的实际疼痛，而另外两个区域处理她们接收到疼痛时的情绪反应。这样的结果并没有令科学家感到意外。真正惊人的发现是，当她们的丈夫被电击时，这些妻子大脑中的情绪处理区域也同样被激活了，就如同自己受到电击一样。而她们大脑中负责身体实际体验的区域并没有被激活。换句话说，这些妻子确确实实感受到了丈夫的情绪反应。

这就是最典型的神经镜像现象，最初是由神经生理学家贾科莫·里佐拉蒂（Giacomo Rizzolatti）发现的。他发现，当我们看到别人做某件事情的时候，我们大脑中的神经元也会以几乎同样的模式被激活，就如同我们自己在做这件事情一样。

事实证明，人类的大脑不但会对疼痛或者运动做出镜像反应，而且能对纯粹的情绪做出镜像反应。里佐拉蒂和同事们给被试播放一段视频，当视频中的人通过面部表情告诉人们他们闻到很难闻的味道时，被试大脑中的相同神经元也被激活了，就如同他们自己正在闻一种难闻的味道一样。换句话说，当我们观看电影《太阳帝国》时，我儿子所体验到的东西，确实存在生物学上的依据：我们确实能够在认知和情绪上“感受”到他人感受到的东西。

共情的有趣之处，以及它与“团结”，即对群体的依附（我们稍后将要讨论的主题）的不同之处，就在于我们对他人的关心仅仅因为他们也是人，而不必管他们是谁，或者他们是否真的存在。

合作实验

当一些人在与他们素未谋面，将来也不会遇见的其他被试玩囚徒困境博弈时，詹姆斯·里林和他的同事们对这些人的大脑进行了扫描。他发现，这些人不但对陌生人做出了情绪上的反应，而且，当被试分别选择与一台计算机和另外一个人合作时，大脑中被激活的区域也有所不同。

毫无疑问，共情在所有的社会行为方式上都发挥着重要作用，当然，合作也不例外。人性化，即将他人视为人类的同伴对合作的影响，不但可以通过大脑扫描进行观察，或者通过询问人们的感觉如何获得相关数据，还可以通过实验进行测量。为了弄清楚人性化会在多大程度上激发人们在即便要付出代价的情况下也要与他人合作，人们进行了大量实验研究。

合作实验

其中一项经典研究工作是由经济学家艾瑞斯·伯纳特（Iris Bohnet）和布鲁诺·弗雷（Bruno Frey）完成的。他们招募了彼此素未谋面的学生来做实验，并将他们分成两个小组。接着，他们发给A组每个学生10美元，并告诉他们：他们既可以选择将任意数额的钱留给自己，也可以将任意数额的钱装在一个信封中密封好，并在信封上标一个与 B 组中某个学生相对应的数字。在每个学生都将他们密封好的信封放入一个箱子之后，B 组的每个学生都会拿到一个标有他们数字的信封。没人知道谁给出了多少钱，也没人知道谁收到了多少钱。那么，你认为 A 组的学生会怎样做呢？很显然，自私的人不会送给别人一分钱，因为他们不会因此受到任何惩罚。可实际上，A 组学生中只有 28% 的人“一毛不拔”。按平均数值计算，学生们给出的钱是总数的 1/4。接下来，伯纳特和弗雷在实验中增加了一个环节。他们让 B 组的所有学生都站起来，这样，A 组的学生将会看到究竟是谁打开了信封。请记住，这两个组的人从未交谈过，也不知道彼此的姓名，可能将来也不会再遇到。没有一个人知道 A 组的哪个学生给出了哪个信封，甚至是做实验的人也不知道。也就是说，没人知道谁慷慨大方，谁小气自私。

这一次学生们会拿出多少钱呢？同样，如果我们相信传统经济模型“每个人都是完全自私的”这一假设依然成立的话，学生们拿出的钱仍将是零，因为他们追逐自利的行为不会受到任何惩罚。但实际情况是，只是看一看对方的“真身”，就足以让 A 组被试中“一毛不拔”的比例从 28% 降为 11%，平均捐献额则从 25% 提高到 35%。

接下来，实验者为了让这件事情更有人情味，告诉了 A 组学生有关 B 组学生的一些个人信息，比如他的专业、业余爱好等。奇怪的事情发生了：平均捐献额增加到了 50%，而且，A 组的学生里没有人“一毛不拔”。我们

> 该如何解释慷慨程度这一不可思议的增长呢？请记住，捐献仍然是匿名的，这意味着不存在害怕惩罚或者赔偿的因素。关键的因素只可能是人。学生们彼此了解得越多，就越会更多地为别人设身处地地着想。也就是说，他们更能够共情。于是，这进一步转化为了彼此间更大程度的慷慨。

丹尼尔·巴特森（Daniel Batson）将共情与利他行为联系在了一起。他在这方面所做的工作，也许是任何其他心理学家都无法比拟的。过去，心理学上有一个被大家广为接受的信条：所有利他行为实质上都是自私的：人们只有在感到对自己有好处，或者能减轻因看见别人受苦受难而给自己带来的痛苦时，才会对他人慷慨。通过一系列实验，巴特森证明了事实并非如此。因为，如果仅仅是为了避免因见到他人受苦受难而给我们带来的痛苦，简单地“一走了之”或者不再去想那个人就可以了，但实际上，人们还是乐于伸出援手。而且，巴特森告诉我们，当他对这些人说设想一下他人此时此刻的感受时（意思是“纯粹”的共情，而不只是为自身利益盘算或者为了减轻自身的痛苦），他们就会为别人考虑得更多，也更能共情。

合作洞察

巴特森以及其他人的一些研究工作，在很大程度上模糊了“利他”与“自私”的界限。不论我们是否有帮助他人的“自私”动机，也不论是不是共情驱动着我们，结果都是一样的，不论是从我们的行为上看，还是从我们神奇的大脑上看。我们在第 1 章和第 2 章里已经讲过，人类的特点是，当我们帮助某个人的时候，大脑对我们的奖励是释放出多巴胺和后叶催产素，如此说来，我们帮助他人是利他还是自私呢？任何一个建立人类合作体系的人都关心这一问题的答案，而这个答案就是："谁在乎呢？"从本质上说，我们是否仅仅是为了获得多巴胺而待人慷慨和帮助他人，这个问题已经不重要了。另一方面，人类在身体上和心理上天生就拥有这些感觉，并且能从帮助别人中获得快乐，这样的认识才是最重要的。

那么，对于设计人类体系来说，"我们天生就能和他人共情，天生就能从帮助别人中得到好处"这一事实意味着什么呢？我们怎样才能利用人类的这一倾向促成现实世界中的合作呢？一个显而易见的方法是，对那些需要我们帮助的人人性化，就像伯纳特和弗雷在实验室环境下所做的那样。

有一个组织通过帮助参与者人性化，成功地将慈善和救助提高到了一个相当高的水准，这个组织就是小额贷款网站Kiva.org。Kiva是根据借款循环（borrowing circles）模型建立起来的，这种模型一直是欠发达国家的通行做法。Kiva在贫穷国家的小额借款人与富裕国家可能的贷款人之间搭建了桥梁。这些穷困的借款人可以拿这些钱创业或进一步发展他们的事业。在这里，就像我们曾经讨论过的众多实验情形一样，资金借出人没有任何物质上的回报（贷款利息可忽略不计），而且，资金贷给谁也是匿名的，只有资金借入人知道。这些资金借入人是生活在遥远国度的陌生人，所以社会回报也可以忽略不计。那么，Kiva是怎样激励人们将钱借给生活在远方，而且可能永远都见不到面的那些人的呢？它是怎样帮助这些人从众多的可能借出人中做出选择的呢？又是如何建立这一过程中的信任和对借入人的共情的呢？正像伯纳特和弗雷对学生们所做的那样，Kiva 也是通过披露更多的信息对资金借入人人性化而做到这一点的。通过这个网站，打算借钱的人可以上传他们的照片、自我介绍，以及他们打算用借来的钱干什么，等等。接下来，可能的借出人会查询这些资料，并确定他们希望将钱借给谁，以及借多少。尽管这些交易常常是跨国进行的，但是，较为丰富的个人信息还是培育了足够的共情和足够紧密的人际关系，人们的参与程度足以让人动容。

但是，我们也不能仅凭这些特定的例子，就认定人际关系威力无边。只要观察一下日常生活，我们就会发现：为了跟我们与之打交道的那些人建立人性化的关系，我们付出了太多的时间、精力和金钱。为什么各种各样的组织会花钱举办公司野餐和假日聚会？为什么商务人士会为了与客户共进午餐或晚餐而搭乘飞机远距离飞行，特别是在通信设备极其完备的今天？因为不管传统经济活动中人们怎样低估共情的重要作用，成功的企业都知道：这些面对面的活动对于建立信任、合作和有利可图的关系是必不可少的。就像我们在实验室里看到的那样，面对面活动培育出来的那些感觉，会激励我们密切合作，实现双赢的理想效果。我们也确实需要感受这样的一些感觉，这也是我们精心打造自己的生活的原因。因为只有这样，我们才能扩张自己的人际网络，与朋友分享经验，充分利用好双方的社会关系。

群体认同的力量

如果说，共情让我们认同他人并为了他人而牺牲自己的利益，那么，团结或群体认同则让我们认同我们所在群体里的其他人，并为了这些人的利益而牺牲自己的利益。这种例子在我们的社会中比比皆是，在团队体育项目中就可以发现它。棒球比赛中的击球手牺牲自己上垒的机会，以便让已经在垒的一个队员进垒或者得分。军事生活中也有它的身影，军队就是依靠成千上万的年轻人为国家做出最后牺牲而建立的系统。我们鼎力支持自己人的愿望，很好地解释了过去200年间最令人动容的一个现象——单一民族国家的出现，它取代了宗族、部落或村庄，成为现代认同的主要标志。正像博伊德和理查森提出的颇具影响力的基因文化协同进化理论所阐述的那样，我们愿意为了群体的共同利益而协作努力的愿望，在人类进化过程中发挥着非常重要的作用。这些内容我们曾在第1章讨论过。

合作实验

在实验环境下，我和我的同事戴夫·兰德（Dave Rand）、安娜·德雷柏（Anna Dreber）已经证明：仅仅依靠团结就足以让人们在有关公共利益的游戏中保持合作。在对被试进行实验时，我们先让他们玩不带任何信息的独裁者游戏，就是伯纳特和弗雷采用的那种模式。玩这一游戏时，被试的政治身份被分成两类：民主党和共和党。几轮游戏过后，我们对被试进行重新分组，这一次分为三个小组：一个小组全部由吝啬的人构成，他们对哪种类型的接受者都“一毛不拔”；另一个小组由慷慨且不偏

> 颇的人构成，他们会拿出同样多的钱而不管接受者是哪一政治派别的；还有一个小组由慷慨但有偏向的人构成，即对于与自己政治身份相同的人，他们给得多，对于与自己政治身份不同的人则给得少。然后，我们将被试按类分组，给每个人一点钱，并告诉他们是属于民主党还是共和党，接着再让他们玩公共品游戏。
>
> 公共品博弈跟囚徒困境博弈差不多，只不过参与者不是两个人而是多人。参与者可以捐出一些钱作为公共财产，而后我们会对公共财产放大若干倍并平均地分给游戏的所有参与者。每个人捐献得越多，可供放大的公共财产就越多，他们整体的所得就越多。但是，从个人角度看，每个人最如意的算盘是：其他人都捐献，而自己一毛不拔。由于公共财产的分配是平均的，这样一来，大家共同捐献的“公共品”有他的一份，而他口袋里原来的钱又一分不少，当然最赚了。这就是理论预测不会有人捐献一分钱的原因，就如同在囚徒困境博弈中人们预测不会有人合作一样。可是，在实际实验过程中，公共品博弈开始阶段的合作水平通常还是相当高的，差不多一半的参与者会主动捐献。但是随着游戏的重复进行，先前的合作者发现，有些玩家非常不公平地利用了他们（不捐献但分享公共财产），于是，他们也不再捐献了。

我们在后面几章将会看到，为了改变这种局面，人们设立了很多众所周知的干预条件。我们在实验中发现了团结的重要作用。即便我们的实验已进行到第 40 轮（这已远远超出通常的轮次），与同类玩家分为一组（比如民主党与民主党分在一起）的慷慨并有偏向的玩家，在整个实验期间都保持着合作态度而没有较大改变，而在不慷慨的玩家所在的小组以及慷慨但没有偏向的小组里，合作态度随时间流逝而下降的速度与其他实验的情况大体一致。总之，仅仅知道他们跟与自己类似的人分在了一个小组，就足以让这些玩家对这一情感触发器（emotional trigger）做出反应并保持合作态度，即使没有沟通，没有行为规范，没有惩罚，没有奖赏，也没有诸如此类的其他触发器（我们将在后面几章进行讨论，人们认为这些触发器往往会引发合作）。

当然，与共情不同，团结通常不仅会形成“我们”，而且常常会形成“他们”。我们对待“我们”和“他们”的态度是非常不同的。

言归正传，这就是说，就像心理学家告诉我们的那样，我们总想迅速、下意识地对人进行分类：“与我们相同的人”和“与我们不同的人”。从生物学角度来看，这也许是天生的。费尔普斯（Phelps）和巴纳吉（Banaji）做过实验，让被试观看白人和黑人的头像，同时对被试的大脑进行扫描。他们发现，正如他们预料的那样，由于美国糟糕的种族关系现状，无论是白人被试还是黑人被试，只要看到与自己种族不同的人的头像，大脑中与“恐惧”相关的区域就会被激活。经济学家萨姆·鲍尔斯和赫布·金蒂斯（Herb Gintis）在将团结作为一种治理模式而对其进行研究时强调，人类貌似与生俱来的群体团结期望有时也会失灵，这让人类的合作变化无常。

20世纪，有超过一亿人以团结的名义被杀害，包括第二次世界大战时期纳粹对犹太人的大屠杀，卢旺达的种族灭绝运动，以及不那么猛烈但更加持久的北爱尔兰暴力冲突和中东正在进行的部落战争。与此同时，认为群体认同和群体行为必然会与他人结仇的思想也未必正确。国家层次上的群体动力学，在保证捐赠和财富重新分配（比如福利与慈善）以及对集体利益作贡献（比如志愿到贫民区学校任教和志愿参军）的公正性和连续性方面，都发挥着巨大的作用。即便是在对外援助方面出手大方的国家，它们对待本国穷人也比对待遥远国度的穷人更慷慨，尽管后者可能更需要救助。换句话说，团结是一股强大的力量，它也许邪恶，也许和善，且与我们是否喜欢它无关。如果我们要建立体系，就要清楚地认识它，以便更好地利用它。当我们碰到它的消极作用时，也要清楚认识它，以便将其化解。无论如何，我们都要弄清楚其中的缘由。

随着时间的流逝，我们可以利用团结来改变需求。团结的特性之一就是我们可以同时认同一个以上的群体，当条件改变时，我们又可以改变我们所依附的群体。

合作实验

在2008年的总统初选时，我与我的同事戴夫·兰德、托马斯·法伊弗、安娜·德雷柏进行了一项研究，即哈佛大学进化动力学项目。我们不仅注意到了相同政治依附关系对合作的影响，而且注意到当某一群体面对的挑战发生改变时，群体依附会发生何种程度的转变。当时，我们招募了两组民主党选民，他们分别是希拉里·克林顿和奥巴马的支持者，然后让他们玩独裁者游戏。正像预料的那样，被试给这些支持同样候选人的玩家捐出的钱很多，尽管大家都清楚，这些钱不会直接或间接用于竞选活动。当我们再次进行这个实验时，时间恰好在民主党大会召开之前，实验结果仍然一样。此时，两个主要候选人的目标和价值观基本相同，在民主党内部出现两个不同的群体没有任何实际意义，不过，两个群体仍将彼此看成“另一个群体”。但事实证明，人类在面对象征性的行为时是非常易变的。当我们在大会开完之后马上又进行实验时，结果发生了巨变。两个群体的成员不再将彼此视为“他们”，而是“我们”。有些人，特别是小伙子，突然变得对其他候选人的支持者极为慷慨，仅在几天前，他们还不怎么认同这些玩家呢。在看到民主党会议团结一致的成功表现之后，玩家对民主党的身份认同发生了改变。当下，他们不是在与希拉里·克林顿或者是奥巴马建立连接关系，而是在与民主党建立连接关系，共同对抗新的“另一个群体”——共和党。

减少犯罪的“社区警务”

利用人性化、共情和共同的群体身份达成合作的一个最有趣的案例，是社区警务的兴起。20 世纪 70 年代，美国城市发展面临普遍性的衰落，犯罪率居高不下。因此，到了 20 世纪 80 年代，一些警务改革运动开始兴起。其中最成功的一项改革名为“社区警务”，即通过开展一系列积极活动，促使居民与警察密切合作，减少城区的犯罪。“社区警务”这个名字并不怎么出奇，但在克服文化障碍和长期存在的积怨方面却极为有效，而且能够基于共同的利益将各种各样的，往往是矛盾重重的社区成员团结在一起。最具代表性的就是西区故事，发生地是芝加哥一个名声不太好的区域。

作为美国犯罪率最高的地区，芝加哥西区警察与当地居民之间的关系一直很糟糕，一提起那里的警察，人们就会联想到漠不关心、不可信赖，甚至种族歧视者。20 世纪 80 年代，随着人们对这一区域展开犯罪学研究，警察部门开始了不同寻常的实验之路。就像政治学家阿尔休·冯（Archon Fung）后来详细记述的那样，这种新方法是在人们认识到这两个群体都需要对方的帮助之后才出现的。居民对引起这一社区高犯罪率的问题有着独特的见解，比如，毒品制造屋的最新地点，被抢劫犯瞄上的照明条件不好的某个停车场等，而警察拥有解决这些问题的资源。为了减少犯罪，让这一地区成为宜居地，居民和警察必须找到某种方式让彼此之间活络起来，使彼此之间的关系变得富有人情味，而他们恰好就是这么做的。

整个过程是这样的。首先，芝加哥警察免除了一些巡警的快速响应责任，并将他们戏称为“社区专员”。这些人不开警车而是步行巡街，这样，他们就有更多的机会跟居民面对面交流。然后，社区专员开始每个月都与社区成员会面，通过这些会议了解社区发生了哪些事情。一旦居民们放下了最初的不信任感，这些会议就演变成了规模更大、更加开放的论坛。由于巡警提供了面对面交流的机会，月度会议又增进了彼此间的亲密感，警察就不再是社区之外的“另一个群体”了，这两个群体就可以全心全意把精力放在他们共同的对手上，即威胁地区安全的罪犯。

在该计划实施的25年间，有一项并不算重要的社区警务活动，对我们讨论人性化和团结来说特别有趣。这就是被刑法专家特雷西·米尔斯（Tracey Meares）展开全方位研究的，特别吸引人们眼球的一项活动：芝加哥西区的祈祷守夜。1997年，哈里森地区的指挥官克劳德尔·欧文（Claudell Ervin）邀请他所管辖地区的居民在贩毒、犯罪易发的街角参加一系列的祈祷守夜活动。但是，想通过这种方式把社区和警察团结在一起，欧文面临两个主要问题。第一个问题是黑人社区居民仍对警察持怀疑和不信任态度，这主要是因为不友好的种族关系由来已久。但是，欧文指挥官采用一种巧妙的方法消除了这一障碍。

由于这一地区的大多数居民都是属于某个教堂的，于是，他请求这一区域的牧师帮助组织祈祷守夜活动，并号召会众参加。这一办法非常有效。正像一位负责人在某次谈话中所说的那样：“我不认为这是由警察组织的活动。我认为这是由一个基督徒组织的，而这个基督徒恰好是个警察。认识不同，结果也就不同。”第二个问题是会众的孤岛特性，他们是组织严密的社区，对社区外的人持有戒心。为了帮助他们团结起来，形成一个共同的群体身份，欧文将与牧师开会的地点选在一个中立的地方——警察局，而不是某间教堂。这又是一个象征性姿态，但相当有效。

不管怎么说，站在一个犯罪猖獗的街角都要冒很大的风险。而在这样一个社区被人们认为是在与警察合作就更危险了。换句话说，人们有太多的理由不去参加这样的活动，也不会为此拍手叫好，因为若要到大街上去，他们不但要冒着牺牲自身安全的危险，还会让他们的家庭处于危险境地。但芝加哥某些犯罪频发地区的许许多多的居民，尽管教派不同、背景不一，都为了社区利益而不顾自身利益走上了街头。

结果如何呢？在祈祷守夜的前几个月里，教堂负责人和警察负责人通过交谈，不但让警察和社区成员空前团结，还实现了一个更大的目标：提升了社区警务计划的参与度。从体系设计的角度看，这一计划的独到之处在于：欧文利用教堂成功打破了社区与警察之间的壁垒，然后又利用社区和警察之间的良好关系打破了教派之间的壁垒。这正是让团结服务于积极社会目的的船舵，这种船舵必不可少，但又不容易操控。要做到这一点很难，但事实证明还是有可能实现的。

那么，社区警务有效吗？这仍然很难回答。社区警务是在犯罪率极高地区导入的一种体系。由于美国的犯罪率这些年普遍在下降，无论是在采用协作方法的社区，还是在采用等级管理方法的社区，例如纽约市警察局局长威廉·布拉顿（William Bratton）在市长鲁迪·朱利亚尼（Rudy Giuliani）的支持下创建的“电脑数据组”（CompStat）系统，所以它的总体效果难以判断。但有一点毫无疑问：两种方法都对严惩法做了改进，最典型的就是“三振出局法”，而且两者都与犯罪率下降相关。

此外，警察部门和他们所服务的社区都对社区警务连连叫好。在美国的一些高犯罪率区域，现在有 10 万名警察在开展社区警务工作。在全美国存在社区警务的地区，人们都说他们与警察的关系比以前好多了，对犯罪的恐惧感也减轻了不少。因此，尽管很难确定社区警务对犯罪率的影响究竟有多大，但它确实为我们提供了一个良好案例。这个案例告诉了我们在一个社会和公众组织内，怎样引入人性化、共情和团结才能促进合作。社区警务这个案例还告诉了我们一个合作体系怎样才能比纯粹的惩罚与等级体系更有效，或者至少同样有效，同时还能在实施这种体系的社区里获得广泛的认可与好评。

THE PENGUIN AND THE LEVIATHAN

How Cooperation Triumphs Over Self-Interest

第4章

关键要素4：沟通

宗申摩托的成功在于它建立了一个由 300 家供应商组成的协作网络，并且这些供应商会为了共同的利益不断沟通。最棒的调解人往往都具有非凡的沟通能力，沟通有助于使人们明白“我是谁，我属于哪个群体”。

经济学家认为，与人交谈是“廉价的”。他们的意思是说，当有利益冲突的人相互交谈时，如果他们没能达成附带承诺的协议，实现“金钱易手”的结果，那么，做再多的沟通也没有意义。经济学家声称，人们相互之间就动机、意图所说的话，大多是没用的信息，并不会告诉我们在真正面临危险时该采取怎样的行动。所谓谈话是“廉价的”，意思是说，它并不能让你做出任何承诺。发展至今，经济学已习惯性地将人们置于一种“必须拿出实际行动来”的境地，而不只是谈谈而已：买或者不买，投资或者不投资，这似乎是表达他们真正喜好的唯一方法。

预测市场的情形恰恰也是这样，例如，临近选举的市场预测就特别受欢迎。预测市场属于投机市场——赌注交换，人们创造出这个市场就是为了进行预测。它们只是“机制设计”领域中的一个例子，潜台词是：说什么不重要，重要的是做，做才有意义。它的影响如此巨大，以至于其发现者因此获得2007年的诺贝尔经济学奖。当然，人们在这一领域取得的大量研究成果都是非常可喜的，理论上也很完善。但实际上，无论是在实验环境下，还是在现实生活中，谈话都不是“廉价的”，也绝不是没有什么意义的。我们一生中要花大量的时间与他人沟通与互动。相对于“理性人”模型告诉我们的一切，在“我们该怎样做”这件事情上，这些互动的作用要大得多。

上一章我们讨论了共情、人性化和团结是如何帮助我们建立合作关系的。实际上，如果我们加入“沟通”这一要素的话，这些力量将变得更强大，也更容易保持。“沟通”就是本章的主题。“交谈是廉价的”也许只是一个有趣的说法（当然，也有说对的时候）。但如果涉及合作科学的话，沟通的作用就非常大了，无论是在受控条件下，还是在现实世界里。支持这一观点的证据非常充分。

合作实验

20世纪90年代中期，戴维·萨利（David Sally）通过研究发现，在几十年间针对许许多多被试进行的100多个社会性的囚徒困境博弈中，实验结果都是高度一致的：只需让玩家进行面对面的沟通，合作程度就会提高45%。不需要金钱易手，不需要做出承诺，仅仅是面对面的互动就足以让合作程度翻倍。差不多在同一时期，埃莉诺·奥斯特罗姆（Elinor Ostrom）和同事也在实验中证明了这一点。他们将互不相识的人集中在一起，并准许他们交谈。

> 当这些被试交谈时，彼此之间很容易做出承诺，建立约束他们的行为的行为规范，彼此以人格为担保信守承诺。但是，他们的谈话并不“廉价”：他们会义无反顾地坚持自己的承诺，即便这些承诺在实验中无法实现。

为了共同的目标一起行动

现实世界的情形也是如此。就拿在线合作方面最成功的典范维基百科来说吧。从表面上看，维基百科似乎就是一个普通的、不带个人感情因素的平台。毕竟，它的贡献者是无以计数的、遍布世界各地的陌生人。计算机只是媒介。除了一些最痴迷的撰稿人，维基百科的会员基本上都是匿名的，也就是说仅保留网名。因此，如果说在维基百科上会员能在某种程度上感觉到社区、合作的存在，感觉到相互支持的话，似乎是与直觉相悖的。

但是，实际情况确实如此，这主要是因为维基百科上存在很多沟通渠道，其中一个渠道是与每篇文章相随的“讨论页”。这是一个完全公开的论坛，任何人都可以指出其他人对文章的编辑或者贡献中存在的错误或问题，也可以提问题，或者只是建立一个链接。在维基百科讨论页上展开的辩论，其热烈程度和真实性，与面对面的辩论别无二致。例如，下面是一个关于小布什的一篇文章的辩论记录。2008 年 7 月中旬，我把这篇文章的讨论页摘抄了下来。

几年过去了，这一词条被重新编辑了很多次，并引发了多次论战。下面这个关于 2000 年美国初选和大选的讨论进行了很多天。

2000 年初选 / 选举 有很多人都参与了这篇文章的编辑，但我还是想说，2000 年初选这部分写得非常糟糕。我认为这一部分内容需要重写。为什么不认真地把事实记录下来呢？比如，麦凯恩是主要竞争对手，多尔夫人（Mrs. Dole）选择了退出，福布斯（Forbes）还在努力。事实上，文章中支离破碎地记录了一些关于教会、保守派和流浪汉等的内容。我想不力挺或者反对布什，我只是想把事实记录下来，让它看起来像是百科全书。有谁反对我重写吗？如果有人反对，我就“fuck off”（滚开）。—Chergles (talk) 2018 年 7 月 11 日 16:54

我赞同。至少第一段读起来更像是报纸的“趣闻”，而不像是选举报告。如果你来重写，请别用带“f”的脏字儿。—Floridianed (talk) 2008 年 7 月 11 日 17:18

必须支持重写。—SMP0328. (talk) 2008 年 7 月 11 日 19:29

重写肯定是一件好事。感谢你的自告奋勇。Nishkid64Make articles, not wikiclrania 2008 年 7 月 11 日 19:56

第一稿完成了，完全是基于事实来写的。对于布什，既不诋毁，也不过誉。我觉得重写的初选部分内容全面，而不像上一版本包含了许多关于教会、保守派、基督等的内容。当然，还可以对其进行完善。总的来看，我认为布什的经历这部分篇幅还是合适的，因为虽说初选是一件大事，但也不应长篇大论。—Chergles (talk) 2008 年 7 月 12 日 19:25

现在看来还不错。感谢你的努力，你也不必为将来是否会得到进一步完善而劳神，因为你已经走出了第一步，可喜可贺。下面也许会有后来人做这件事的。谢谢。—Floridianed (talk) 2008 年 7 月 14 日 23:12

Chergles 提出了一个重要的修改意见：整个章节推倒重来。实际上，他可以不对任何人透露他的想法，直接按自己的意思对该页面进行编辑。如果没有讨论页，那也许是唯一的选择。但他选择的方法避免了惹怒完成早期版本的那些人。Chergles 把他建议重写的想法预先提了出来。他首先对他人的工作表示认可，然后指出了这篇文章的瑕疵。毫无疑问，他可以做得更好一些，例如在结尾处删去不友好的文字，但从总体看，他的想法是合作的。而当 Floridianed 进来支持 Chergles 重写并缓和了语气时，紧张气氛消除了。Nishkid64 以友好的态度写下了“感谢你的自告奋勇”，并建立了一个标题为《写的是文章，不是维基剧本》（*Make Articles, Not Volunteering*）的链接，这些讨论都很文明。实际上，冲突已经解决了。

讨论页的确让人们感到这是一个社区，这里的人有着共同的目标。这些讨论页非常受欢迎，效果也非常好，以至于它们很快就发展成为门户网页，例如互助客栈（Village Pump）。门户网页与讨论页不同，讨论页上仅限于单一主题，但在门户网站中用户可谈论五花八门的主题，包括该网站自身的设计问题。这些页面不但是进行高深讨论的平台，还具有社交网站的基本特性。正像我们看到的那样，这些特性有助于将沟通者之间的交流进一步人性化，让他们之间建立更加紧密的连接关系。注册用户可以填写个人基本信息，如业余爱好、受教育程度、个人喜好，等等。这样，他们看起来就不仅仅是一个路过的用户，而是一个被“黏”住的、有血有肉的人。更有甚者，几百个痴迷、活跃的维基百科贡献者很快就组织了一年一度的维基媒体会议。在那里，他们可以真正地面对面，增进相互了解，并讨论与该社区密切相关的重要问题。

当然，随着 Facebook、MySpace、领英及其他社交网站的兴起，讨论页或讨论墙和用户基本信息等特性变得不稀奇了。但是，它们仍有存在的必要：在很多情况下，简单的相互沟通与协调能力，就足以让人们为了一个共同的目标一起行动，无论这个目标究竟是什么。像 Facebook 这样的社交网站，多数情况下，人们最开始只是在上面写下自己喜欢读的书或是喜欢看的电影，与朋友聊天，或者将前一晚聚会的照片贴出来。换句话说，他们的目标是建立社会关系，或是向同学“耍酷”。近些年来，这些目标变得越来越崇高了，各种各样的社会和政治活动都转到那里进行，无论是对缅甸军阀政策的抗议，还是草根环境保护运动。与那些跟自己想法差不多的人进行沟通，让人们为了共同利益而团结起来，进而制订协调一致的计划，仅仅这样做，就足以吸引有动机的人参与某项事业，并让他们有效开展合作。

这一趋势最吸引人的地方在于，这些平台孕育的合作并不只是发生在网络上，这些关系和努力还会延伸至现实世界中。

在 Meetup.com 网站上，生活在相同地域、致力于共同目标或事业的人能够找到彼此，并组织面对面的会议。Meetup 不仅方便人们寻找与自己有相似想法的人，而且还成为地方运动的有效组织工具（我最欣赏的是小狗主人在曼哈顿上东区争取一处小狗专用玩耍场地的活

> 动）。虽然它的影响力也许比不上激进的政治动员，但无疑传递了一个信号，就像西纳特拉（Sinatra）演绎的那样：如果合作能在那里达成，那么，合作在哪里都能达成。

当然，沟通在我们的生命中随处可见，网络平台上的沟通也没什么稀奇的，只不过是让沟通更容易发生罢了。任何减少沟通障碍的方法都同样有效。

> 丰田公司在加州弗里蒙特建立NUMMI工厂时进行的第一项改革，就是改变操作工位的设计。丰田公司将5人编为一组，取代了原来让工人单独站在装配线旁边的做法，工人之间可以进行持续不断的沟通。除了这些日常的互动之外，公司还安排员工在午餐时间定期见面，既可以针对改善质量问题开展头脑风暴，又可以加深相互间的了解。这看似不怎么重要，但不计其数的管理研究都表明，这种积极行动取得了实实在在的成果。实际上，这种保持良好沟通的、基于团队的生产，已成为当代管理和组织战略的重要组成部分。不仅近况不佳的丰田公司在使用这种生产形式，世界上一些最大、最成功的公司也在使用这种生产形式。

这一领域最有意思的研究工作，是著名的管理战略家约翰·哈格尔（John Hagel）和约翰·西利·布朗进行的，他们称之为“创新网络”（creation nets）。创新网络是由众多公司建立的松散网络，它们共同合作，提出新产品、新流程和新观点。在这些网络里，沟通发挥着重要作用。为了工作，创新网络必须依靠网络里形形色色的个体，要以信任的态度告诉大家它们实际能做什么，成本如何，以及从创新网络中每个人的角度看意义何在。这件事最有趣的地方在于，即便网络成员在某块业务或某个市场中存在竞争关系，创新网络也可以运转得很好。而从传统经济学角度看来，创新网络肯定惨败。毕竟，按照自私普遍存在的观点，创新网络的成员之间将会编造虚假信息或隐瞒真实信息。事实上，他们并没有这样做。

信赖与沟通成就宗申摩托

与哈格尔和布朗提出的那种创新网络类似的还有一个更早的例子，是在中国重庆的摩托车制造厂出现的。重庆生产的摩托车占中国摩托车总产量的40%。考虑到世界上有一半摩托车产自中国，重庆在摩托车生产方面可谓是非常了不起。

据组织管理学家西尔维娅·宝琳娜（Silvia Pulina）所说，这种协作方式出现于1990年，当时有一个名叫左宗申的青年企业家在销售他用自家维修厂的散件组装成的发动机。那时，国有摩托车工厂卖的零件特别便宜，组装一台发动机的全部零件的总价要比买发动机整机便宜好几百元。左宗申看到了这个赚大钱的好机会，但当地政府以拒绝向其销售零件的方式向其施压，试图迫使他放弃这个生意。不过，他早已想好了对策：建立一个由300家小店组成的网络，这些小店将供应他所需要的一切。

这些供应商之间展开了所谓的“合作竞争”。他们聚在茶馆里（后来移到互联网上）讨论改进和削减成本的方法，建立了一个非正式的、功能齐全的“企业”，促使大家从小处革新，以比正规的摩托车行业更低的成本生产更好的发动机。合作沟通的一个重要环节，就是类似下面这样的一些谈话，“如果你能将那个零件开口向左移 2 厘米，我就可以将我的成本降低 x%”，对方可能回答，“我可以将它向左移动 2 厘米，但前提是那边的 A 零件能让这个管子更灵活 1/n”，等等。这种互动只有在相互信赖和连续沟通的环境下才能取得良好效果。这样，参与者才能将所有的建议综合考虑进来，生产出成本最低、效率最高的摩托车，并分享因竞争力提高而带来的好处。20 世纪 90 年代末，当政府取消了某些对私营企业的限制时，左宗申开始销售自己品牌的产品，生意更是红红火火。他的发动机成本低、质量高，而这一切都要归功于他组建的网络中的那些供应商的积极协作。

过去 20 多年，在竞争环境下，现实世界中沟通促进合作的另外一个例子，是通过法律手段解决争端的兴起，譬如调解。特别是在美国的对抗体系下，诉讼往往通过法律的形式来解决冲突：矛盾不可调和的双方求助于一位公正的法官，法官以“利维坦”的名义做出判决，双方聘请第三方，即律师作为他们的代理人，至少在传统模式下是这样的。律师恪守自己的职业道德，全力为委托人辩护。律师的职责决定了他们必须是好斗和不合作的，因为他们总是试图为代理人争取最好的结果。从历史角度看，律师也是法庭的工作人员，他们的任务是维护法律体系自身的价值，例如不向法庭撒谎，不隐瞒证据，等等。不过，我们更常见到的则是对这些原则的违背，但那是另外一回事。

实际上，打官司要花好多钱，这并不是一个令人满意的解决冲突的方法。因此，在用法律解决争端的问题上，出现了向调解方向发展的新趋势。调解的意思是：由公正的第三方调解人将双方聚在一起让他们面对面交谈，想方设法弄清每一方的要求和“底线”，进而找出一个双方都能接受的解决办法。如果你读过一些有关调解的书，你一定会有这样的感觉：你可以把调解过程中的敌意减少到你所期望的程度，至少在律师心里没底的情况下是这样。

“朋友冲突解决项目”（Friends Conflict Resolution Program）出版的《调解人手册》（*The Mediators' Handbook*）开篇就写道：“两个调解人……先对双方的到来表示欢迎，并解释调解将怎样进行。每个人都有一次陈述机会，当一个人陈述时，另外一个人只需听着。大多数情况下，调解对双方陈述的时间长短不做限制。也就是说，只要讲的是与本次调解有关的事情，讲得时间长一点或短一点都可以。”手册后面又介绍说：“调解人并不会尝试着下结论，或者指出谁错了。他们通过倾听判断出双方计较的是什么，以及是否存在可达成协议的地方。”

换句话说，双方之间的沟通没有固定的模式，沟通的目的是了解每个人关心什么，以及他们对冲突的看法。沟通正是调解过程的基础。几年前哈佛大学谈判项目（Harvard Negotiation Program）采用的调解手册，就将沟通列为了调解的主要手段之一。另一本手册则将沟通列为受训调解人的一项技能，“理解展现共情、酝酿融洽气氛、建立信任关系、设定合作基调、展现聆听”。

合作洞察

很显然，调解是解决冲突的一种模式，它用相互间的承认、理解和讨论取代了“利维坦”的铁拳。我们在前面几章里讨论的共情、公平和信任，都是成功的合作体系的基础。在调解过程中，这些基础要素总是一次次地发挥着核心作用。但相比较而言，沟通才是最重要的基础。最专业和最成功的调解人，不仅是那些促进最有效沟通的人，还包括那些能够有效调解冲突，让冲突双方都觉得调解的结果比他们原先设想的更完美的人。

“社区感”成就 Zipcar 和沙发客

通过思考调解以及其他成功合作体系的案例，可以让我们明白为什么沟通有那么大的威力。最重要的是，我在本书中讨论的成功合作体系的每一个要素，无论是共情、团结、道德行为规范、公平、信任，还是领导力，都离不开沟通。匿名、不说话的互动，与可以沟通的互动之间的差别，就如同实验室人工环境下的互动与现实的、色彩斑斓的世界中的互动之间的差别一样。

此外，沟通还有助于我们认清自己所处的境况，或者对我们的互动进行描述。就像我们在第 2 章看到的那样，人的心灵与大脑不会对没有做出任何解释的一系列事实做出反应。我们对任何一种境况的体验，不仅由这种境况的客观事实所决定，也由与这一境况密不可分的所有细节和关联关系，及其社会意义所决定。我们对任何一种境况的解释，都取决于我们以何种方式就这一境况的事实进行沟通。

怎样才能让人们在现实世界中合作呢？从某种意义上来说，要做到这一点很简单，但从其他一些意义上来说又相当具有挑战性。说真话可能很容易，但通过沟通让别人确信你说的是真话却很难。但是，一些案例告诉我们，我们可以做到这一点。以“沙发客”（couchsurfing.org）这个通过网络开展合作的故事为例，“沙发客”是一家在全世界拥有50多万用户的网站，它为在异国他乡需要安身之所（一张沙发床）的旅行者，以及那些愿意满足他们需要的人搭起了一座桥梁。这不同于房屋租赁业务，因为在房屋租赁业务中，出租房屋或沙发的一方要收取固定的或双方商定好的费用。而“沙发客”上是禁止收费的，尽管它鼓励沙发客给房主带些礼物，或帮他们做家务，或提供除了钞票以外的其他补偿。

现在你可能会想：这样的事情对客人来说是再好不过的了，谁不想在异国他乡找个不花钱的落脚地呢？可是这样做对于免费为一个陌生人（也许是一个“斧头帮”成员，也许是一个小偷或者一个古怪的人）提供住处的主人来说又有什么意义呢？按照常识来判断，这个网站上应该有众多将要出行的旅游者，但房主将会少得可怜。但实际情况并非如此。为什么？因为就像我们上一章讨论的Kiva网站（该网站具有社会网络的全部特性）一样，“沙发客”已将自己发展成了一个具有共同利益和价值观的社区，而不是一家企业。它不仅通过强调这些共同价值观的重要性将自己建设成为一个社区，而且还制定了一系列社区行为规范，例如互惠（大多数房主将来也会成为客人，反之亦然，因此，更确切地说这属于间接互惠）、沟通和信任。

这个网站主要靠一帮勇于实践的领头人（既是网站的创建者，又是继续利用它成为“沙发客”和主人的人），通过帖子、电子邮件和该网站的社交网站特性与成员进行密切联系，促使大家遵守这些行为规范，例如不用付钱。换句话说，“沙发客”的创建者之所以能让这一体系顺利运转，靠的不仅仅是对大家说一声“这是一个社区”，而且要采取具体的措施，让人们的的确确能从这里获得一个真正社区的感觉和体验。这些内容可以在一些人讲述他们的“沙发客”经历的帖子里看到。阅读留言板时，人们确实会产生这样的感觉：没错，这是一个运转良好的真正社区。

目前“沙发客”还不是一家以盈利为目的的企业。但是，正像我们看到的那样，即便是以盈利为目的的企业，让自己散发出一些社区的味道，相对于纯粹追求盈利的形象来说，也总能获得一些好处。一个在这方面做得很成功的例子就是Zipcar。Zipcar是一家创建于波士顿的“汽车共享”公司，它的商业模式很简单，只需支付很少的会员费，人们就能以很便宜的价格按小时租车。尽管Zipcar吸引人的地方是低价而不是便利，但该公司还是在城市中心区域准备了大量汽车，这样租车人就可以很方便地取车与还车。但是，这不是Zipcar成功的唯一原因。就像“沙发客”一样，这家公司在努力让它的众多用户拥有一种社区感。怎么才能做到这一点呢？其中一个办法是，通过选择一种特定类型的客户，即有环保意识的人作为目标客户，让他们团结起来并创建共同目标。

Zipcar 公司的广告和网站都在向人们传达公司的使命，即通过创造条件让人们不再需要拥有自己的汽车而达到减少污染的目的。公司的大多数汽车也确实符合这一使命，很多都是省油的小车或混合动力汽车。就像“沙发客”一样，通过称之为汽车“共享”，而不是租车，Zipcar 让这种业务具有了社会性，至少在某种程度上是这样（当然，钱还是要收的）。极大程度的信任又进一步强化了人们的社区感。当人们还车的时候，服务人员并不检查车况，只是建议会员确保还回来的车要干净、完整无损，并且给车加满油，以方便下一个人用车。实际上，人们都是这样做的，行为上的高度自觉令人难以置信。换句话说，这家公司在外人看来并不像是一家企业，更像是一家具有环保意识的俱乐部。

这是骗人的吗？实际上并非如此。按照该公司的创办人之一罗宾·蔡斯（Robin Chase）[①]的说法，公司确实是遵循“好事成双”的信念创办的，这一点毫无疑问：改善城市交通的同时又减少了碳排放。但是，目的纯洁与否并不重要，关键是，将公司装扮成一个社区，不仅俘获了客户的“芳心”，而且还激励他们遵循这些规则去对待汽车和其他会员。如此说来，这有点像发生

① 共享经济鼻祖、知名技术慈善家，其著作《共享经济：重构未来商业新模式》中文简体字版已由湛庐文化策划、浙江人民出版社出版。——编者注

在现实世界里的华尔街或社区游戏实验。当然，悬而未决的重大问题依然存在：Zipcar 还能走多远，客户什么时候会开始因“社区”这个词的滥用而将之视为纯粹骗人的把戏（我觉得现在已经有很多人开始这样认为了）。当然，这不会影响“框架”的重要作用。这只是告诉我们，必须以令人信服的沟通方式将公司的形象描述给大家。此外，一家公司的真实诉求也会因为另外一家公司的诋毁而大打折扣。

综上所述，我们可以得出一个简单的结论：沟通是合作最基础的要素。沟通并不廉价。通过沟通，我们可以界定某一境况下人们的喜好、目标和希望，建立相互间的共情，协商哪些行为规范是适宜的，哪些行动步骤是公平的，并开始建立互信和相互理解。毫无疑问，无论是在实验环境下还是在现实世界中，沟通对合作都有着巨大影响。哪里有成功的合作，哪里就有沟通的身影。重庆茶馆里的摩托车零件生产商、美国法庭里的调解人以及寻求在遥远的国度分享一个沙发的自助游游客，都在向我们证明这一点。全世界的合作体系里有一样东西是相同的：它们都以沟通为基础。

THE PENGUIN
AND
THE LEVIATHAN

How Cooperation Triumphs Over Self-Interest

第5章

关键要素5：公平

我们不但关心结果的公平，更关心意图的公平，而说不定有人正在处心积虑地想实现不公平呢。资源有限时，随机的“抓阄”或者“先到先得”体现的就是一种公平。就薪资来说，人们会认为与员工愿望相一致的薪酬体系才是公平的。

犹太人中流传着一个关于赫舍尔的古老笑话。有一天，当他跟一个朋友一起散步时，他们在长椅上发现了一块饼干。赫舍尔拿起这块饼干，将其掰成大小不一的两半，并将小块的递给了他的朋友。朋友看着他说：“赫舍尔，你怎么能这样做呢？”赫舍尔问：“有什么不妥吗？如果你是我，你会怎么做？”这位朋友说：“如果我是你，我会把这块饼干掰成大小不一的两半，然后将小块留给自己，把大块的给你。”这时，赫舍尔回答说：“那不是跟我做的一样吗！你还抱怨什么呢？”

我们在意公平，甚至连小孩子都具有很强的公平感，会有“我应该跟她得到的一样多”的想法。父母也知道这一点，因此，他们给每个孩子的礼物、衣服和零花钱都一样多。但随着年龄的增长，我们对“什么是公平”这一问题往往会有更加复杂的理解。一些其他因素会进入我们的视线，比如相对需求、运气和才能等。我们最终还是会接受这样一个现实：有些人获得的好处就是比另外一些人多。可是，我们仍然以这样或那样的方式在意公平。那么，当我们觉得自己很在意公平的时候，到底是在意哪些东西呢？

在查阅实验经济学和社会心理学的有关文献时，我们有这样一个体会，当我们说自己在意“公平”时，实际上是在意三种不同的东西：结果的公平、意图的公平和过程的公平。

- 就结果来说，我们在意的是：在行为规范得到普遍认同的情况下，每个人相对于其他人来说从一项合作中得到了多少。
- 就意图来说，我们在意的是：这个不公平的结果是不是有意造成的。
- 就过程来说，我们在意的是：不管相关人的结果和意图究竟是什么，得出结果的方法是否公平。

我们先来讨论结果的公平。首先，我们需要弄清楚：相对于只考虑结果对我们有怎样的影响来说，在意公平，就意味着我们不是纯粹自利的。

比方说，我宁愿在你得到 10 美元的情况下自己也得到 10 美元，也不愿意在你得到 100 美元的情况下自己得到 12 美元，你可能会说，相对于我的总收益来说（不公平分配情况下的总收益高于公平分配情况下的总收益），我更在意结果的公平，在本例中就是指我们得到的是否一样多。在一系列最后通牒博弈实验中，瑞士经济学家厄恩斯特·费尔（Ernst Fehr）和他的同事克劳斯·施密特（Klaus Schmidt）、俄斯·菲什巴彻（Urs Fischbacher）、阿明·福尔克（Armin Falk）证实了这一点。在受控实验条件下，我们确实会在意结果的公平，而不管我们将得到什么。有时甚至宁愿自己什么也得不到，也要抵制不公平的分配。

合作实验

在最后通牒博弈中，实验者会给一个提议者一些钱，比如100美元。然后，这个提议者可以按他希望的任何比例分给响应者一些钱。如果响应者接受了这些钱，他们就可按双方商议的结果拿走属于自己的那份钱。但如果响应者拒绝了提议者的提议，两个人都将一无所获。

假设你正在玩这个游戏，提议者只想给你一小部分钱，比如说，他打算从100美元中拿出一美元给你。一方面，一美元总比一分钱也没有要好。可是另一方面，你会想："什么，一美元？这家伙太自私了！我们两个人都是实验中的被试，虽然他运气好，可为什么不能公平一些呢？让他见鬼去吧！"严格来说，一美元肯定比一分钱也没有强。正统的博弈论告诉我们：不管提议者打算给多少钱，响应者都会接受，因为有总比没有强。但是要知道，提议者总共有100美元呢，大多数人在这种情况下都会因为提议者的小气而惩罚他，拒绝他的提议，让他一分钱也拿不着。在实验环境下，结果也确实如此。实际上，即便提议者分给响应者的钱远远超过1%，人们还是会选择拒绝。在不同国家进行的众多研究结果表明，如果提议者的提议小于总数的 20%，响应者就会拒绝提议者的提议。提议者似乎也明白这一点，这就是为什么大多数提议都在 30% 以上，至少在工业化社会是这样的。到目前为止，提议者最常见的策略是五五均分，以确保响应者能接受自己的提议。

从理性人理论的角度看，拒绝任何大于零的提议，都与我们的利己主义相悖。这样做的结果就如同古语所说的那样："杀敌一千，自损八百。"但是，这一逻辑忽略了一个最简单的事实：我们对于不公平的待遇是非常在意的。实际上，我们的在意已经达到了这样的程度：即便要付出一些代价，我们也要惩罚那些行为不公的人。

正像被试在最后通牒博弈中会毫不犹豫地惩罚那些行为不公的人一样，人们在现实世界里同样也会毫不犹豫地惩罚那些行为不公的人。这种即使付出代价也在所不惜的惩罚意愿，对于推行合作的社会是非常有益的。事实证明，这种行为存在生物学基础。

合作实验

费尔的研究小组与神经学家多米尼克（Dominique）联合进行的一项研究，试图"看到"惩罚对大脑工作的影响。通过对在囚徒困境博弈中惩罚其他玩家的被试的大脑进行扫描他们发现，付出更大代价惩罚背叛者的那些人，

> 他们大脑中与奖励或者愉悦相联系的区域表现得更为活跃。换句话说，有些人天生就能从惩罚曾对他们不公的那些人的过程中，获得神经学意义上的快感。

如果我们都认为“人们非常在意公平”，下一个要问的问题就是：“公平”的内涵是什么？这个问题并不好回答。对于公正或者公平，目前还没有单独、明确的定义。定义公平的最简单方法，就是平等，正如每个人都分到一块同样大小的蛋糕。埃莉诺·奥斯特罗姆发现，如果每个人都拥有相差无几或者同样的田地和用水权力，或者拥有数量大致相同的、在公共牧场放牧的牛群等，那么，这样的资产共享或者资源共享体系会运转得更好。但在大多数情况下，实现资源的完全均分是很困难的。如果两个人的田地大小一样，但有一块地位置更好，价值也更高，那该怎么办呢？或者，如果两个人可以使用相同数量的水，但是一个人的庄稼干旱得厉害，急需灌溉，那又该怎么办呢？这些实验告诉我们（与大多数现实世界中的情形相比，这些情况还是过于简单了），关于公平，我们往往需要并愿意接受一个更加复杂的定义。

“意图公平”优于“结果公平”

对于不同背景条件下的人来说，公平的含义也不相同。历史学家安德烈亚·麦克道尔（Andrea McDowell）为我们提供了一个很好的例子。麦克道尔对1848—1849年加利福尼亚黄金热时期制定的采矿法进行了研究。当时采金营地像雨后春笋一样快速发展起来。由于采金人只是暂时在这里工作，土地还没有收归国有，因此对于政府部门来说，有效地推行一部超越采矿权的单一、正规的法律是不可能的。于是，每个营地的采金人就自己制订规则，以保证土地分配的大体公平。他们达成的共识是，任何一个采金人如果想占有超过其自身采金能力的土地，就是不公平的。而且，不同的营地制订的规则也有很大差别。有些营地允许采金人买卖地块；另外一些营地则不允许这样做。有些营地允许采金人拥有多个地块，只要他们雇人在上面工作就行；而另外一些营地则禁止采金人拥有超过其自身采金能力的土地。不管这些规则的内容如何，有一点是毫无疑问的：即便在一些人数偏少、位置偏僻的采金人社区内，也存在这样一些观念：在广义的“公平”概念下，什么比较适合他们。

当将视线转向发达社会以外时，我们发现，公平的定义确实存在相当大的差异。

合作实验

在一项开创性的研究工作中，人类学家罗伯特·博伊德和乔·亨里奇（Joe Henrich），以及经济学家萨姆·鲍尔斯、科林·卡默勒（Colin Camerer）、厄恩斯特·费尔、赫伯·金蒂斯进行了最后通牒博弈实验，被试来自全世界范围的15个小规模社会。他们发现，人们在公平的概念上存在着巨大的差异。有些人，比如秘鲁亚马孙河流域的马奇根加（Machiguenga）部落的人认为，极度不平均的分配也是公平的。这些人的行为趋向是：提议分给其他玩家的数量很少，但也接受其他玩家数量较少的提议。这样的行为在马奇根加的文化背景下是有道理的。他们建立的多是小规模、自给自足的家族式群体，从不与外人打交道，因此，他们也没有与外族人公平交换的愿望，对于陌生人的馈赠，也不认为“有胜于无”。

研究人员还发现，在新几内亚的安古干纳克（Anguganak）和博加斯普（Bogasip），人们认为“慷慨”的赠与就意味着很严格的要求。他们的提议差别很大，而且拒绝率也特别高。有些响应者甚至会拒绝高达70%的超慷慨提议，这与他们特定的赠与文化是分不开的。戴维·特雷瑟（David Tracer）是新几内亚项目的研究人员，他认为，在这些社会里，赠与总是附带着很大的不确定性社会责任。拒绝超慷慨的赠与，可能意味着他们不愿意接受随赠与而来的责任。上述两个社会中不存在平等分配的标准。在马奇根加部落，由于他们绝少有机会与陌生人合作，因此，有关公平的健全的行为规范并没有发展起来；而在新几内亚的安古干纳克和博加斯普，赠与在社会责任方面又起着重大作用。

既然不同社会的差异如此之大，那么，在最后通牒博弈中，发达社会里人们的行为模式就毫不为怪了。我们总是习惯于在互利的原则下跟陌生人打交道，习惯于按照简单规则进行利益分配。我们遵循的简单规则认为人们的社会角色是平等的，不管是客户、供应商还是员工。当我们进行关于公平究竟意味着什么的信念实验时，一个很自然的想法就是：平均分配。

我们心目中的公平与否，还取决于我们所处的情境或背景条件。如果让整个国家前 1% 的高收入者缴纳 50% 的所得税，再将这些税金分给社会上的穷人，你可能认为这是非常公平的。可是，假如你在拉斯维加斯的一个赌场里，该赌场对所有赢得的钱都征收 50% 的税，然后将这些税金分给那天晚上的输家，你仍认为这是公平的吗？一个老道的卖家将他的二手车卖了个好价钱，而另一个卖家却没那么走运，你可能认为这是非常公平的。

但是，如果某个出价不是最高的人在拍卖会上买走了古玩，你又会怎么看呢？这里的差别不在于结果本身的不平等，而在于特定背景条件下我们的期望。就政府计划与收入来说，我们希望考虑到相对需要。从消费者的角度看，如果我们不够细心，可能一分钱都剩不下（因此才有“买家当心”的说法）——尽管很多公司都在努力削弱这种对立关系。境况不同，我们的期望也会差别很大。当结果与这些期望不符时，我们就认为是不公平的。

实际上，我们也可以换一种说法：当人们以某些方式描述面对的情境时，我们更乐于接受或者容忍财富及资源的非平均分配。在最后通牒博弈中，当响应者被告知另一个玩家是通过抽奖“赢钱”，或是通过在问答比赛上答对问题而“赚钱”时，相对于他们完全不知道这些钱的来路时，响应者往往会接受较低的提议。这与“我们认为社会上的不平等也有其合理性”的观念是完全一致的。

我们的文化告诉我们，如果那些富人都是勤奋的、有创造力的，并且也颇有成就，那么我们就不应该仇富。我们常常认为这些财富是对他们高超技能和努力的公平奖赏。但有意思的是，如果人们的财富是凭运气得来的，我们也会认为分配是公平的。这一观点放在最重要的基因库博彩上——托生给“好”父母，是极为贴切的。我们认为运气是公平的，它只不过是生命的一个组成部分。至少，就美国的政治来说，对再分配政策的反对，部分原因是人们在文化上广泛认同下述观点：大多数不平等都是合理的，也就是说是公平的。

我们认为，大多数情况下财富都取决于生产力和勤奋程度等因素，即便是像出生在哪里这样的偶然事件，虽然可能获得不均等的好机会，也应算是公平的，因为那不能视为那个孩子拥有的不公平有利条件，而是悉心照料孩子的父母应得的福分。

所以，“公平”并没有一个固定、放之四海而皆准的定义。它随文化行为规范和所处境况的不同而不同。此外，公平的定义还与不同人对它的解读有关。

假设你是一位船长，刚刚救上来一船遭遇海难的幸存者。你的船上剩下的饮用水数量不多，你知道还要多长时间才能航行到安全地带，也计算了你能为每个船员和被救的幸存者提供多少水，只有这样，才能坚持足够长的时间而又不会有人死于脱水（尽管每个人都将口渴难忍)。可在几天之后，在还需要航行很多天才能到达安全地带的时候，几个经历海难的幸存者的状况似乎很糟糕：他们身体虚弱，疼痛难忍，而且在不停地呻吟。你该怎么办呢？是多分一点水给他们，还是严格执行原定计划？一个按狭隘含义理解公平的船长，可能会无情地执行水的定量供应，而不管某些人的痛苦。而另一位船长则会觉得让他的船员比别人承受更多的痛苦（尽管他们也得到了相同数量的水）不公平，他无法眼睁睁地看着船员经受痛苦的折磨，于是会多给他们一些水，即便其他船员和他自己都将牺牲一些利益也在所不惜。

怎样做才合适呢？人们可能会认为这两种做法都是公平的。前者是对群体里的所有成员一视同仁，而后者考虑了他们的相对需求。这个故事最初是由丹尼尔·巴特森写入心理学文献的，目的是研究共情在什么情况下是欲速而不达的：善于共情的船长可能会将全部船员置于死地，如果他们在到达安全地带之前将水耗光了的话。但是，这也清楚地告诉我们，不同的公平概念会导致完全不同的分配结果。在不同的背景条件下，所有的分配方案可能都有其合理性，但对于相关的每一个人来说，意义可能完全不同。

“我们关心相对需求”这一心理学和行为上的基本事实，向美国政治提出了真正的挑战。西欧的社会民主主义国家是通过不断增税和转移体系应对这一挑战的。美国的重点则是转向机会平等。这就是说，美国政治文化的基本观念是，机会面前理应人人平等。即使实际并不总是如此，但至少理论上是这样的。美国的成功人士崇尚的企业家精神、个人成就和追求财富的思想，强化了基于努力、才能和贡献，而不是完全基于相同结果的公平理论。这也是美国医疗保健和福利改革的拥护者试图改变争议主题的部分原因，他们认为儿童、老人及出身贫寒的人等群体需要特别的保护，所以应该在不改变公平的核心内涵（过程公平或机会公平，而不是结果公平）的条件下，重新进行利益分配。

我们不仅极为关心结果的公平，即谁得到什么以及得到多少；也关心意图的公平，即某个人是否处心积虑地想实现不公平，或者说自私。就像我们更愿意接受靠运气或者技能而赢来的所得，我们也更能容忍不公平的结果，只要这种结果是由人们无法控制的原因所导致的，但我们不能忍受某个人利用了境况所导致的不公平。科研人员通过对最后通牒博弈及类似的实验做一些巧妙的修改，弄清了我们对意图的反应和对结果的反应。这类实验中通常由计算机决定第一个玩家给他的同伴多少钱，当响应者知道另一个玩家无法决定分给同伴多少钱时，往往会在最后通牒博弈中接受较低的提议。

我们不仅倾向于谅解因不可抗力而导致的不公平结果，而且，当另一个人将我们置于不利处境时，如果他们能避免这样做的唯一办法需要他们自己付出更大的代价，我们往往也会变得更加通情达理。

合作实验

阿明·福尔克、厄恩斯特·费尔和俄斯·菲尔巴彻进行的实验为我们提供了一个很好的例证。在这个实验中，他们为一组提议者提供的选项是五五开和八二开，为另一组提议者提供的选项是八二开和二八开。尽管选择八二开都是一样的不公平，但由于第二组唯一的替代选项是二八开，因此拒绝八二开的响应者很少。而最有趣之处在于，有些被试对不公平待遇非常痛恨，甚至在要有一人出局的游戏里，他们也拒绝了八二开的提议。这些人似乎是这么想的：当幸运女神将特别不均等的分配交与两个人时，有权做出选择的一方一定要把差的结果留给自己。

在另外一项很有意思的研究中，塔尼亚·辛格（Tania Singer）和同事组织大家玩顺序囚徒困境博弈，然后让被试看与他们一起玩游戏的那些人的头像。

在这一实验的游戏环节中，第一个玩家会先做出一个行动，这个行动既可能是合作，也可能是不合作。跟所有的囚徒困境博弈一样，对于每个玩家来说，最差的回报发生在一个玩家合作，另一个玩家背叛的情况下。在顺序囚徒困境博弈中，如果第一个玩家背叛，那么很明显，第二个玩家也会背叛。但是，如果第一个玩家合作，那么第二个玩家可以选择合作，也可以选择背叛。如果选择合作，两个玩家都有很好的回报；如果选择背叛，第二个玩家的回报会更好，但第一个玩家的回报会很糟糕。有些情况下，第二个玩家有机会选择是否合作，而在另外一些时候，玩家没有选择的自由，只能按照实验者的指令行事。结果就是，有些第二个玩家选择合作，而另外一些第二个玩家选择不合作；有些第二个玩家的行为是自主选择的，而另外一些则是盲从的。

接下来，辛格让被试观看了与他们一起玩游戏的那些人的照片。首先，她问他们是否记得这张面容。然后，她问他们这个人的“可爱”程度如何。最后，辛格对被试的大脑进行了扫描。研究人员发现，大脑中有关评价与奖励活化区域的激活，不仅取决于第二个玩家是否选择合作或者行为公平，还取决于第二个玩家这样做是否完全出于他自己的意愿。如果合作者这样做是出于他们的本意，被试会很清楚地记得他们的面容。如果对方不合作，或者虽然合作但并非出于他们的本意，被试对他们面容的记忆就比较模糊了。他们对“可爱度”的评价也遵循相同的模式。

这个实验告诉我们：我们会记得那些与我们合作的人，并对他们做出亲切的回应；我们也会记得那些有意背叛我们的人，并对他们持有消极看法；但我们不会记得那些并非出于本意伤害我们的人（在游戏中），或者根本毫无印象。这并不难理解。生活就是一面指引未来的镜子。毫不费力就记住那些有意跟我们合作的人，或者那些有意伤害我们的人，对我们是有好处的，因为这样我们就知道将来可以信任谁。但我们没理由认为，并非出于本意而伤害我们的人将来还会那样做。如果我们对他们只有一个比较模糊的印象，那也不错。公平的意图最重要，而且它们与公平的结果没有关系。

“抓阄”和“先到先得”所体现的公平

毫无疑问，在实验环境下，将意图与结果分开考虑相对比较容易，但在现实生活中把意图与结果剥离开来一般来说会很难。毕竟，在某个人处心积虑、不顾他人地增加自身收益的情况下，是不可能导致客观上的公平结果的。对于那些致力于设计公平体系的人来说，考虑我们非常关心的、公平的第三个维度——过程的公平，是非常有意义的。“如果提议者手中的钱是‘赢’或‘赚’的，那么响应者愿意接受不平均的分配”这一事实告诉我们，**如果我们认为造成不平均结果的过程是公平的，比如抽签中奖或者发放高管奖金，我们也会认为结果是公平的，即使结果并不平均。**

这就是说，与实际结果相比，我们更在意过程。我们时不时会听到，某个人接受了不理想的结果，而且还振振有词地说，“公平的过程是公平的”（what's fair is fair）。我们普遍认为公平的过程，是那种具有偶然性的过程，比如抽签中奖。我们来看一下登记服义务兵役制度在越南战争期间是如何变化的。战争开始时，人们要求延期服兵役的理由五花八门，如受教育、父亲身份、某些职业等，这明显有利于某些更富有的群体。

可是到了1969年，由于反战力量的日益壮大，大多数延期服兵役都被取消了，取而代之的是抽签制度。这并没有让人们对战争的好感增加一分，但随着压力的不断增大，很显然，政府必须采取一些行动以平息人们对极度不公平现象（有些年轻士兵被送往战场去厮杀或战死，而另外一些人却不会）

的愤怒。为了达到这一目的，政府采用了“撞大运”的方法，而不是基于原因、更加合理的过程。（可能有人会说，将某个人留在后方并将其培养成医生或者物理学家，不是更合理吗？因为他将来所能发挥的作用要比一个士兵所能发挥的作用大得多。）

最早将抽签中奖过程视为绝对公平的观念，要追溯到远古的圣经时代（biblical times）。在《旧约》（*Old Testament*）里，当以色列人需要找个人来承担因为惹怒上帝而导致他们没能成功攻下某个城池的责任时，他们就通过抽签决定。类似地，在《约拿书》（*Book of Jonah*）里，约拿之所以成为一场风暴的替罪羊，也是因为他抽到了不幸的签。

在现代文化里，人们会认为这种寻找替罪羊的方法非常不公平。但实际上，现代的征兵工作，或是“超级碗”球票在季票持有者之间的分配工作，跟古代的方法并没什么两样。在这些事情上，我们都承认结果不是特别公平，但由于过程是随机的，所以总体上来讲这个办法还算公平。

但是，要求所有的过程都做到随机也不现实，如果真的这样做，世界将陷入混乱。请想一想，你到了地铁或剧院售票口会怎样做。你会站在哪里？这不是废话吗！当然是队尾。大家挤成一团等着售票员用抓阄的方法决定把票卖给谁的做法太不现实了。即便如此，“先到先得”也远没有听起来那么简单。为了有效执行这种做法，人们必须用简便易行的手段标示出“谁什么时候来的”。因此，排队是最一目了然的信号，我们都知道，只要到了一个地方，就要排在队尾，这样过一段时间就能轮到我们了。我们都见过这样的场景：当某个无耻之徒试图加塞儿时，排队的人就会群起而攻之。排队不考虑“先后次序”之外的其他因素，也不是完全随机的，但在我们的文化里，“先到先得”普遍被认为是一个公平的过程。

随着事情的复杂化，尽管寻找促进过程公平的要素的困难加大，过程公平的重要性却丝毫没有削弱。想一想正义女神的形象吧：她蒙着双眼，手拿天平。借助于多层次的治安和司法程序，大家会觉得她管理事务的过程，即法律，是公平的。

在美国，对程序公平的广泛研究是由心理学家汤姆·泰勒（Tom Tyler）进行的。他主要研究的是落后社区居民的法律态度。令人意想不到的是，他发现在这些社区里，人们对法律的反应和法律施行情况，主要看他们理解的过程公平是怎么样的，与结果无关。不管怎么说，只要人们认为法律实施过程是公平的，即便他们在社会和经济方面吃了亏，仍会将法律实施看成是极有必要的正规护法行为。

与员工愿望相一致的薪酬体系是公平的

那么，现实世界中的公平究竟是什么样子的呢？我们来看一个简单的例子——薪酬。在某些人定义的公平薪酬体系中，工资完全是由绩效（业绩或技能）决定的。对于另外一些人来说，“同工同酬”是不错的办法。还有一些人认为，公平的工资完全由市场决定，即供求关系决定某个人的时间和工作的价值。确实，按照传统的经济模型，在劳动力市场上没有公平可言。从理论上讲，对于同样的一份工作，如果一家公司比另外一家公司支付的工资高，来这家公司应聘的人就会远超出其所需的数量。只要同类的竞争对手支付的工资比它低，就会拉低它支付的工资。如果由于某种原因它没有降低工资，那么，由于劳动力成本将大大超出竞争对手，它将无法继续经营下去。因此，从理论上讲，一家公司如果想从公司的利润里拿出一部分发给员工的话，那么，由于成本的增加，这家公司就不得不把付给员工的工资降下来。决定工资的将会是市场，而不是公平。可是，现实中的情形（这样的案例在本书中随处可见）却与这个模型不符。对市场上工资所进行的实际研究表明，即使是同一行业的公司，其工资差别也相差很大。对于干同样工作的同样员工，不同公司支付的工资往往相差50%或60%。不同行业的工资差别就更大一些。于是，我们可以从不同的角度去探究那些工资大致公平的公司。

最简单的比较是在这样两类公司之间进行的：

- 一类是将公平定义为“绩效”或者实行“绩效工资”的公司；
- 一类是将公平定义为“平均”的公司，即工资结构相当平均的公司。

人们针对各种各样的公司进行了管理研究工作，研究结果表明：有些公司拥有平均的工资结构，另外一些公司实行绩效工资。每一类公司都有成功的案例，也都有失败的案例。工资结构平均的公司最突出的好处是相同的结果，即每个人的工资都一样（至少某些岗位如此）。但是，这也意味着，绩效不好、懒懒散散的员工，也能跟工作勤奋、贡献突出的员工拿到同样多的工资。请别忘了，公平不仅仅意味着相同的结果，结果还要与公认的行为规范相吻合。

合作实验

让我们看一看杰森·肖（Jason Shaw）和他的同事在卡车运输与水泥行业进行的一系列研究吧，他们的研究的目的是找出工资差异与绩效之间的关系。定义的绩效分客观指标和主观指标两部分。在卡车运输行业，客观指标为运货速度或者事故数量；在水泥行业，客观指标为生产每吨水泥的工时数。主观指标是上司对员工表现的评价。不论是卡车运输行业，还是水泥行业，有一点是清楚的，在工资差别较大但工资与绩效关系密切的公司，员工的得分较高。在这样的公司里，员工认为用业绩和绩效作为制定工资的标准是公平的，因此他们就会更加努力地工作。在工资差别较大，但不与员工绩效挂钩的公司里，工资取决于运气、亲戚关系或者其他不公平因素，员工的工作表现就差多了。如果他们知道干得好报酬也不会多，好处都让那些不该得到的人得了，那么，他们这样的工作表现就无可厚非了吧?

但是，在那些对绩效没有任何激励、大家工资都一样的公司里，情况又如何呢？如果我们都被自利所驱使，

> 那么，实际情况就应该是只要有物质奖励，人们就总会有不错的工作表现，对吧？但实际上，研究结果告诉我们的是：只要相同工资是某一家公司的正式政策，与采用绩效工资制的那些公司的员工相比，这家公司的员工也能有同样好的工作表现。但如果某一家公司标榜自己采用的是绩效工资制，实际发放的却是同样的工资，那么员工的工作表现就很糟糕。不管在哪种情况下，期望或规范性框架（normative framing）是至关重要的。如果实际支付的报酬符合公司广为认可的行为规范，如相同报酬或者激励报酬，人们的工作表现就会更好一些。如果一种报酬制度与规定的政策不一致，或者不符合广为认可的公平标准，就是不适用的，比如存在亲戚关系或者其他不公平获利因素。

就这些实验和现场观察的结果来看，很难说哪种薪酬体系是最公平的，不论在企业、政府还是在家庭中，都是如此。这同时也告诉我们，怎样才能"激励得当"这一根深蒂固的观念，即实行评估业绩并严格按绩效付酬的体系，实际上并没有抓住公平的精髓。

合作洞察

关于什么是最公平的，并不存在一个正确答案。但有一点是清楚的：薪酬以及其他数量不大的物质奖励的分配方式，要与广为接受的文化信念相适应。这种信念会告诉你，在特定的境况或者背景条件下，什么是公平和适合的。换句话说，在人们希望平均分配的背景条件下，均分报酬的方案更好一些；在强调资历、业绩或绩效的场合，绩效体系更为合适。在设计这些体系时，我们需要记住的是，公平不仅与结果相关，也与意图有关。体系的参与者或负责体系运转的人，必须坚持公平的过程。导致不公平结果的很多事情，我们都是可以接受的，比如抽奖或巨额高管奖金。但并非所有事情都是如此。不论做任何事，“心血来潮地决定”都很难称得上是一个公平的过程。从公众对 2008 年金融崩溃及其后果的反应来看，高管的巨额薪酬本身就说明结果、过程和意图都是不公平的，而且让人难以接受。

我们从实验经济学和社会心理学的研究工作，以及商业和社会研究中得到的最大收获是：我们对公平的渴望，是人的动机与行为的一个重要组成部分。这种渴望，跟自利、共情或团结完全是两回事儿。受到公平对待和加入公平对待我们的体系，是人们最基本的需求或希望。如果我们想建立一个激励人们努力工作或有效合作的体系，仅仅靠报酬和激励是不够的，还要考虑这个体系是否公平。公平是一个体系良好运转所必不可少的组成部分。它具有很强的实用性，能确保人们在这样的体系中相互合作，让每个人都发挥出应有的作用。

THE PENGUIN AND THE LEVIATHAN

How Cooperation Triumphs Over Self-Interest

第6章

关键要素6：道德与行为规范

行为规范会告诉我们，什么样的行为是被广为认可的。我们要通过实际行动对什么是正常、合适的行为设定一个清晰的信号。中立观点，是维基百科发展到今天的首功之臣。而关于道德，我们可以将其看成是一种威力无比的行为规范。

我和妻儿正在位于西班牙和法国边界的比利牛斯山度假，开车上山用了很长时间。看到还有餐馆在营业，我们很高兴。更让我们感到惊喜的是，这家餐馆太棒了！最可口的美食，最热情、专业的服务生，这真是我们从未有过的好运气。很少有美国游客到这里来，因此，一位服务生和我们一起愉快地聊了起来。吃完饭，鉴于对这里的服务和整个用餐过程都特别满意，我们决定留下一笔可观的小费。但让我们没想到的是，当服务生拿起小费时，满脸的热情一下子消失了，取而代之的是受到伤害的表情。我马上意识到了自己的过失，就这个人和他的修养来说，小费代表着为钱工作，而受尊重的职业是不能收小费的。毫无疑问，我们冒犯了他。因此，我向在厨房里干活的人挥了挥手，说："这是给他们的，请他们下班后出去喝一杯。"听到这句话，服务生明显宽慰了些，转身对后面的人大声说道：

“拿去买酒喝！”接着我们微笑着相互道了别。

自认为慷慨的我们做错了什么？对于美国人来说，在账单之外加上一笔可观的小费，作为对美食和美好就餐体验的谢意是一种通行的行为规范，我们是在以慷慨回报慷慨。甚至在西欧的一些国家，这种行为规范也是适用的，尽管那里的文化与美国存在着相当大的差异。虽然在本例中没有发生有意的伤害，但如果我们想建立一个人们可以跨社会和文化进行合作的体系，在“什么是正常行为”这一问题上存在的差异，就是一个很大的问题了。

在日常生活中，行为规范并不那么严格。最重要的往往不是标准本身，而是标准的协调。从本质上来说，要求人们驾车靠左行驶的交通法规，并不比要求我们驾车靠右行驶的交通法规更好。但所有人都靠相同一侧通行无疑会更好一些。与此相类似，向哪个方向排队其实并不重要，关键是每个排队的人都要知道哪边是前、哪边是后，然后排在后面。换句话说，很多时候，行为规范究竟怎样并不重要，重要的是所有人都要知道并遵守它。理想情况下，行为规范应该好理解、易监督，这样就不容易出错，而且便于发现违规行为。

标准不仅能协调人们的行为，还具有促进人们和谐相处的作用。有些标准或行为规范甚至等同于道德承诺。它们如此深入人心，以至于我们觉得即便没有人看着的时候也必须按照它们行动。有时，这些行为规范甚至会迫使我们先把自利、方便或者他人的意见放在一边。日常生活中，我们遵行的行为规范和风俗习惯，跟法律、实用的大拇指规则（rules of thumb）、无可争议的习惯和社会上强制推行的做法（即社会主流说怎样做、怎样想正确，我们就怎样做）相差无几。就如同我们觉得让别人认为我们是公平和厚道的很重要一样，事实证明，让别人觉得我们能适应社会，这一点也相当重要，甚至比遵从权力或法律还重要。

1991年，法律学者罗伯特·埃利克森（Robert Ellickson）出版了《无需法律的秩序》（*Order Without Law*）。这是一本非常棒的书，讨论了在加利福尼亚州沙斯塔县大农场主社区，人们是如何解决牲畜乱闯他人领地的问题的。罗伯特发现，大农场主全然不顾加利福尼亚州颁布的法律，转而遵行一套非正规的、共同商定的规则，用于处理诸如必须在多长时间内把闯入他人领地的牲畜赶回来，以及如果需要赔偿的话，牲畜造成的哪种损害对应多少赔偿金等问题。

在某些情形下，大农场主们对友邻的尊重超过了法律要求的程度，而在另外一些情形下，事实又恰恰相反。因为奉行秩序第一的原则，所以牧场主遵行的是社区标准，而不是法律。尽管这些行为规范都不具备法律约束力，但人们几乎从不违背它们。《无需法律的秩序》一书的出版，引发了一系列对各类人群的行为规范的研究，比如谷物商人、单口喜剧演员等。

音乐下载，将公平与遵从结合在一起的威力

行为规范所驱动的行为有一个特别有趣之处：关于什么样的行为是“正常”的，人们似乎更在意与其他人保持一致意见。在设计合作体系时，我们可以利用人们的这种倾向，作为促进人们选择亲社会行为的一种方法。我前面曾介绍过的美国明尼苏达州和澳大利亚的税收实验，就是非常真实和有说服力的例子：倾向于与别人保持一致的力量，是如何促使我们做出对社会有价值的行为的。

关于这种力量的一个更新的例子，取材于我与同事利亚·贝尔斯基、拜伦·卡尔和马克斯·博克尔哈默（Max Berkelhammer）进行的一项研究。我们研究了几个采用自愿付费模式的在线音乐网站。自 20 世纪 90 年代中期以来，如何让歌迷为下载音乐付费，一直都是音乐界面临的一个非常棘手的问题。日益广泛和强势的美国版权政策是唱片业可能得到的唯一且最强大的力量支持。唱片业一直在向美国政府施压，要求其采用永久性的、类似于“利维坦”的策略，包括对音乐曲目加密和对青少年提起诉讼等。可歌迷们仍在非法下载音乐，唱片公司由于无法确立自己的商业模式不断起诉这些歌迷。

幸好，有些艺术家和在线唱片公司已经开始实验较温和的方法了。他们采取的一系列策略，与我们在本书中一直在讨论的基本设计思路如出一辙：让歌迷做正确的事，因欣赏了艺术家们的音乐而自愿向他们付费。这样，艺术家就可以维持生计，继续投身于音乐创作，为我们奉献更多的好作品。相

对于为下载音乐付费而言，美国人更愿意付小费。现在的问题就是：我们怎样才能让歌迷们认识到，他们对那些丰富了他们生活的艺术家应负的责任，至少应该与他们对咖啡店服务生或者出租车司机应负的责任一样。

“电台司令”和“九寸钉”（Nine Inch Nails）等知名艺术家团体，成功地尝试了通过自愿支付体系销售他们的唱片。为了便于研究，我们选择的艺术家都不是特别有名，这样一来，他们的经历就更能代表普通艺术家。其中一个站点为我们提供了特别有力的证据：“盲从”（conformism）在让人们自愿付费方面发挥着非常大的作用。

合作实验

Magnatune是一家在线唱片公司，它销售很多艺术家的音乐，售出的音乐完全采用数字格式，用户可以自由下载。它同时也以知识共享许可协议的形式销售音乐，歌迷想制作多少拷贝就可以制作多少，而且是完全合法的。换句话说，当歌迷从Magnatune购买音乐时，他们可以合法、方便地复制成千上万份，并通过点对点网络进行广泛传播。但是，他们并没有这样做。

在对该网站75 000宗交易数据进行分析时，我们发现，尽管建议支付的费用区间为5~18美元，并且用户可以在这一区间内自主决定付多少钱（加价的最小幅度为50美分），但实际上有48%的用户为每张唱片支付了8美元，恰好处于唱片业理想的收费范围之内。更加令人难以置信的是，只有15%的用户支付了最少的5美元，另外

15% 的用户支付了 10 美元。但最有趣的是支付金额的分布情况，下拉式菜单可以告诉我们大多数人付了多少钱。8 美元左右对应的评语是“典型”，10 美元左右对应的评语是“高于平均水平”，12 美元左右的评语是“慷慨”，等等。每增加 2 美元，褒奖之词就提升一级，最后达到最高的 18 美元，对应的评语是“我们爱你”。提示的作用非常明显：有 48.05% 的用户支付 8 美元，但只有 0.34% 的用户支付 8.50 美元，2.93% 的用户支付 7.50 美元。

人们都在寻找一个告诉他们何为正常的信号，不仅仅是指平均意义上的正常，也可能是想被别人视为“高于平均水平”或者“慷慨”的正常。我的意思是说，行为规范是最重要的。只要人们觉得某种行为是“正常”的，他们就会不约而同地表现出同样的行为。如果想鼓励人们养成良好的社会习惯，我们需要的就不只是制定行为规范，还要投入实际行动。我们还要对什么是正常的、合适的行为，设定一个清晰的信号。

公地悲喜剧

对于那些有兴趣研究合作的人来说，了解保持一个体系平稳运转究竟需要多少官方法令显然是非常关键的。特别是对于政治家、立法者和社会学家来说，这个问题就变成了：为了成功地管理公共财产或者资源，如共有的公共空间、市政水源等，究竟需要多大程度的干预。这一争论从本质上看仍是我们以前碰到过很多次的问题，只是形式有些不同：在没有严格规则和约束的条件下，能否相信人们会以对每个人都很公平的方式共享公共资源呢？

> 1968年，生物学家兼生态学家加勒特·哈丁（Garrett Hardin）出版了他的名作：《公地的悲剧》（*The Tragedy of the Commons*）。这篇文章讲述了一个村庄的故事。村子有一片所有农民共有的草地，但那块公共草地中的草数量有限，而且，没有法律和规定每个农民可以让多少头牛在这片草地上吃草。因此，每个农民都想最大化自身的收益，让自己的牛更多地到这片草地上吃草，直到寸草不生，最后谁家的牛都无草可吃。哪个农民单凭一己之力都无法阻止这样的事情发生，因为别人仍会继续过度盘剥公地，而富有责任心的农民只有吃亏的份。

人们在讨论产权的时候经常引用这个故事。这个故事的意思是说（尽管这不是哈丁的本意），人类天生就是自私的，在没有法令或者缺少监督的情况下，不能指望人们会公平地分享公共资源。实际上，这个故事显示哈丁对人类没有足够的信任。只要向四周看一下，无数的例子都会告诉我们：人们实际上是非常善于制订、施行和自我调整公平分配方案的。这一切，都要归功于行为规范。

在这方面最有影响的一本书，是2009年诺贝尔经济学奖获得者埃莉诺·奥斯特罗姆1990年出版的《公共事务的治理之道》（*Governing the Commons*）。在这本书里，作者介绍了历史上十几种没有蜕变为悲剧的公地自治体系，最有意思的例子是关于西班牙的一些灌溉区的。

500 年来，人们成功地解决了成千上万农民的用水管理问题。他们是怎样做到的呢？下面我们就来介绍一下，但细节上可能略有差异。农民们先是选出代表组成非官方的、公开的管理委员会，管理委员会根据河流的当前水位和引水渠的情况，决定如何向各个农场分配水。在瓦伦西亚（Valencia）的一个地区，农民们采取的办法是轮流取水。当轮到某个人时，在他的轮次区间内，他需要多少水就可以取多少水，只要不浪费就行。由于农民不会让水淹没他们的农田，所以轮流取水不会影响这一体系的运转，只要他们不背地里偷偷增加轮次就没问题（干旱季节会采用不同的、更加严格的规则）。如果其他农民不知道他都做了些什么的话，自私的农民有可能会作弊。那农民们如何相互监督呢？首先，他们会雇一些"沟渠骑士"监视引水渠，确保没有人损害这一体系。更重要的是，引水渠旁边总会有一个等待他的轮次到来的人，他同时也在监视别人。如果有农民因自私行为而被抓住，他将会被带到由其他农民组成的非官方的管理委员会面前，而不是接受官方的惩罚。

这一体系运转得特别好。尽管对欺骗的惩罚很轻微，但违反规则的情况非常少见（不到 1%）。当宝贵的资源处于危险境地时，似乎总有被暴力侵占的风险，但实际上，暴力侵占是不存在的。人们不会完全放任对这个体系的管理（只有数量不多、稳定、复杂的体系，才能在完全没有规则的情况下良好地运转）。只不过，对体系的管理不是通过基于市场的激励政策或者政府的权力，而是通过一套共同认可的、必须遵行的行为规范。

这时你可能在想，这个体系是几个世纪以前建立的。这么多年来，事情的复杂程度越来越高了。没错。但不可思议的是，这些体系直至今天仍在运转着，跟其他情形下类似体系的运转效果一样好。当代另外一个有效管理公地的例子，来源于詹姆斯·艾奇逊（James Acheson）对缅因州“龙虾帮”的研究。

> 对于以捕龙虾为生的渔民群体来说，龙虾处于“公地之中”，也就是在某一个捕鱼区域内，谁想捕多少龙虾就捕多少。但捕鱼区域不属于任何人，或者说，任何人没有一丝一毫该区域的正式产权。人们通常的做法是，将捕鱼区域非正式地分成几个小区域，每个小区域由俗称“龙虾帮”的一个渔民小组共享。渔民们可以决定哪个帮在哪个小区域捕鱼。在多数“龙虾帮”里，地点的选择采用“先到先得”的原则，例外情况是年长的、经验丰富的渔民具有优先权。

一般来说，只要沿不同群体之间的边界线进行巡视，总会引起纠纷。巡视的人会不断向对方发出警戒威胁，如果有“闯入者”越过边界，另外一个群体的成员将对其船只进行攻击，毁坏其船上的物品。在这里，我在本书中一直强调的事情又出现了：合作并不总是意味着“友好”。实际上，对于某个人来说，他愿意冒着被攻击的危险去保护他所在群体的边界，即通过惩罚闯入者，本身就代表着其所在群体里的合作的一种高级形式，如一个捕龙虾渔民去冒险，而群体里的每个人都在分享“他们的捕鱼权得到保护”的好处。

合作洞察

严格来讲，“龙虾帮”和西班牙农民的日常所为并不是“合作”的行为。因为每个渔民都在努力为自己捕捞尽可能多的龙虾，每个农民也都在努力让自己田里的庄稼有最好的收成。但与此同时，他们又做出了共同努力，比如建造、维修和巡视灌溉水坝，或是保护某个龙虾捕捞群体的边界不被其他群体的渔民侵入。尽管他们的行为是为了自己，但他们是以合作的方式进行自我管理的，并没有借助法律的力量。捕龙虾的渔民和灌溉的农民在不需要明确的正式财产权、不需要国家行使权力进行保护的情况下，使他们的体系稳定维持了很多年。

不过，我并不认为财产权是一件坏事。我也不认为我们只需将一切都放入公地就可以保证每个人拿走的不会超过他们的公平所得。所有这些被研究的社区都采用了一些技巧，确保参与者会克制自私的冲动，并表现出良好的行为。但最重要的一点是，这些规则既不用通过市场和定价策略来实施，也不必自上而下地强制推行。早期的公地研究工作，比如奥斯特罗姆赢得诺贝尔经济学奖的研究工作，或者艾奇逊“龙虾帮”的研究，之所以有这么大的影响，是因为他们启动了以观察或实验为依据的、批驳当时主流观点的漫长过程。而当时的主流观点是：以行为规范进行维护的公地注定会成为悲剧。

这些研究工作为21世纪共享资源业务的爆发性增长做好了知识上的准

备。因为在当今的知识经济时代里，最有价值的资源——信息与知识，本身就是公共产品，发展这一公共产品并发挥其最大价值的最好途径，就是让成千上万的网络用户共享这些知识，协同工作，创造出新的产品、思想和解决方案。成功的行为规范恰恰能够孕育出这种合作，维基百科就是最好的例子。

维基百科的中立观点

我对维基百科的研究始于 2001 年夏天，大约在其上线 4 个月之后。让我感到最为独特的地方是，不同于当时其他已经在运行的协作型企业，维基百科的设计者并没有建立一套正式的规则或条例，他们完全依靠一套当时还很简单的行为规范来维持项目的运转。随后的这些年里，维基百科的影响力和影响范围不断扩大，那些试图写文章或者操控文章的人偶尔也会渗透进来，以达到私人的、政治的或者商业的目的。随着贡献者数量的增多和他们所处的社会体系复杂性的增加，行为规范体系的复杂性也在增加。尽管存在偶尔的滥用（社区往往很快就能发现并打压下去），维基百科仍是一个不寻常的例子，因为这个体系主要通过对话和自治行为规范进行自我管理，而不是通过市场机制或正式的官方管理结构。

维基百科社区最核心的行为规范就是中立观点（neutral point of view，简称 NPOV）。有关文章的 NPOV 的最新版本如下：

> 中立观点是维基百科的基本原则，也是维基百科的基石。所有维基百科上的文章及其他百科内容的写作，都必须坚持中立观点，公平、合理地表达，尽量不带偏见；所有重要观点都必须在“可靠资源”上发表过。这些原则毫无例外地适用于所有的文章和编辑。
>
> 中立观点是处理与某一观点相关冲突的话题的一种手段，它要求合理地表现在可靠资源上发表过的绝大多数观点和少数重要观点。

“可靠资源”是一个主观性术语，特别是对于人们看法不一又各执己见的话题而言更是如此。不过，事实证明，NPOV 在调解冲突巨大、各不相让的争议方面特别有效。

我们来看一下最近一篇关于“神创论还是进化论”的文章的争议是怎样和平解决的。2008 年 4 月，一个昵称为“Rlsheehan”，自称为明尼苏达州的工程师、环境保护论者且读过《圣经》的用户，因声称“维基百科上有一篇关于神创论的文章是错的”而掀起了一场波澜。说它错了，是因为它没有坦率地承认，它这一术语中包含的中立观点是允许人们提供科学证据的。随后，在是否应该把这第三个观点加入文章第一段的问题上，Rlsheehan 与另外一个叫 Hrafn 的用户进行了长达大约 2 500 字的深入交流。其间偶尔也有其他人参与进来。

当然，我的目的不是评判谁对谁错，而是向大家举例说明，行为规范怎样调解一个有可能失控的争吵，而将其转化为一个文明、有益的争论，并最终达成双方都同意的合作型解决方案。事情的经过是这样的：经过几轮交流，争论的焦点集中在了NPOV问题上——存在哪些证据，什么资源是可靠的，公平表达相互矛盾的观点应该是什么样子的，等等。可是，争论很快就升级为争吵，焦点突然转向了创世、宗教和科学的细节部分。这时，为了回应Rlsheehan引用调研数据支持的一个主张，Hrafn搬出了维基百科的另一个行为规范——WP:Synth。这个行为规范的含义是，完全允许作者通过现有的资料进行提炼，但必须保留它们原来的意思或结论。这是与原创研究相对的行为规范的子集，也是维基百科的核心行为规范之一。

Rlsheehan又引用NPOV行为规范进行了回应。他声称他的文章不是对信息的重新解读，而仅仅是表达一个中立观点。接下来又是激烈的争吵。就像两个决斗士，Rlsheehan和Hrafn你来我往，抛出一个又一个行为规范。终于，在另外一个用户介入后，争论渐渐平息下来。Marginalia教授询问了文章的确切主题和目的，随后进行了更文明的深入交流。最后的解决办法是，Hrafn做出重大修改，承认很多宗教是接受进化论的，尽管有些宗教支持神创论者，而另外一些宗教支持科学家，Rlsheehan也认为这是可以接受的，至此，双方的争论烟消云散。

如果我所说的双方开放、激烈的争论是解决冲突的一个好办法的话，我要提醒你的是，很多现存体系的设计思路，都是将冲突交给上级，而不是遵照一套共同认可的行为规范来解决冲突。同事之间的纠纷往往会直接提交给老板；夫妇之间的离婚或者监护权之争则要靠法院解决。没错，调解行为正处于发展之中，但这也只是最近几年才发生的事情。即便在政府体系中，少数服从多数原则和合作，也只是存在于那个“大多数”的人群里。所有这些例子都告诉我们，我们说服孩子找出“友好共享”的方法，以及基于一些共同认可的关于合作的行为规范来顺应彼此需要的努力，不应该仅局限于我们的孩子。尽管有这样或那样的不足，维基百科仍不失为一个成功范列。它告诉我们怎样才能通过大范围的合作帮助人们解决冲突，甚至还可以解决具体问题并取得实际效果——在本例中就是沉稳、可靠的文章。维基百科用户利用一套共同认可的行为规范，以合作的态度，心甘情愿地在维基百科上做着自己的事情，不需要上级的干预。

尽管 Rlsheehan 和 Hrafn 两个人谁也没有向对方认输，但由于他们不断地将彼此拉回到共同认可的行为规范上来，而这些行为规范规定了争论该如何进行及解决，所以他们最终还是找到了一个解决办法。我并不是在吹嘘维基百科的乌托邦主义，这是一个迅速发展变化的全球性现象，而且具有学习和适应能力。新一代的学者们正在研究维基百科上出现的各种新鲜的权力结构，以及维基百科的创建与这个有机的社区本身之间的复杂关系。我们将继续向维基百科学习。但我们不能否认，维基百科从无到有，已发展成为拥有成千上万贡献者的全球协作平台。从根本上来说，它是一个建立在共同认可的行为规范基础上的协作体系。

自治与行为规范

对于那些有兴趣设计跟维基百科同样的运转体系的人来说，问题就变成了我们该如何设立人们都同意并遵守，且无需上级控制的行为规范呢？很显然，一个方法就是让社区参与者自由设立他们自己的行为规范。从某种程度上来说，维基百科的设计者就是这样做的，只不过他们设立了初始的基本规则，包括最重要的NPOV。对行为规范采用情况的研究表明，只要人们参与了规则和行为规范的建立，他们就非常愿意遵守。

合作实验

一项颇具影响的研究工作对三种不同类型的公共品博弈的结果进行了比较：让玩家自己决定什么时候及如何惩罚背叛者；让他们按照实验人要求的规则相互惩罚；让被试相互沟通但对不合作者不做任何惩罚。结果表明，当参与者有机会自己设立规则和选择是否惩罚时，他们的合作水平最高，人们合作次数的比例高达90%。相比之下，当规则和惩罚是由实验人强加的时候，合作水平就会降低到67%——尽管与没有任何规则或者奖惩措施的匿名公共品博弈相比，这种合作水平仍然算很高。

这就是说，如果人们认为这些博弈的行为规范是他们自愿接受或自由选择的，他们就更乐意遵守。在下一章我们将会碰到挤出现象，那时我们就会理解：保留人们的自治感，对于合作的形成至关重要。对自治进行的研究告诉我们，这将导致人们在设立规则时也贯彻自治原则，他们建立的这些规则让他们自己也有可能受到惩罚。

这就意味着在设计体系时，即便某些规则或行为规范必须自上而下地推行或设立，人们仍应尝试放入尽可能多的自治机制，为参与检查和修改这些规则的人提供尽可能多的机会。再回到维基百科上来，我们看到吉米·威尔士（Jimmy Wales）和拉里·桑格（Larry Sanger）恰恰就是这么做的。他们设立了最初的政策，但允许人们对这一政策进行协商、争论和重新解读，并按照自己的意愿执行。

20 世纪 90 年代，拉里·莱斯格（Larry Lessig）和丹·卡亨（ Dan Kahan）等法律领域的学者对下面这一问题产生了浓厚兴趣：行为规范怎样才能牢牢地扎根于文化之中，以至于不需要官方的控制或强制推行，人们就会自愿地遵守？如果说行为规范在调节人的行为上非常管用，那这些学者还想知道我们能否借助法律工具，把这些社会行为规范塑造成我们所希望的那样？事实证明这是可能的，有些法律甚至能帮助人们推翻那些历史悠久的行为规范。例如，禁止在公共场所吸烟的城市，市民吸烟率大幅下降。这不仅仅是因为禁止让吸烟更加不方便，禁止很可能还发挥着如下的重要作用：在公共场所吸烟的行为越来越不为社会所接受了。

20 世纪 80 年代末，我作为一个烟不离嘴的游客去纽约游玩，我记得当时的反吸烟广告是又求又劝的，更不用说来自不吸烟者鄙视的目光和恶意相向的评说。我觉得这些道德说教是站不住脚和难以接受的，甚至在戒烟之后仍这么认为。但我知道，这样做很管用。通过强调二手烟的影响（禁烟运动从家长式的劝说上升到了公共健康的高度），禁烟运动培育了这样一种文化：吸烟突然被看成是意志力和自我控制的某种失败，而不被视为一种选择。

总之，法律极大地改变了人们的日常习惯和行为，以至于各个企业不必强制禁烟，人们自己就会这样做了。开始时，人们遵守的是法律，但不久之后他们遵守的就是行为规范了。

那么，行为规范究竟是如何以这种方式内化的呢？弗洛伊德、利昂·费斯汀格（Leon Festinger）以及当代的约翰·约斯特（John Jost）、马扎林·巴纳吉（Mahzarin Banaji）和阿伦·凯（Aaron Kay）等人在心理学方面所做的大量研究工作告诉我们：我们之所以愿意接受某些社会习俗和行为规范，仅仅是因为它们已经存在了。

合作实验

在一组实验中，关于学费增加的可能性，我们给学生们提供了高和低两个预测。我们告诉一组学生，他们学费增加的可能性高，然后询问学费增加对他们有怎样的不利影响。这组学生的回答是：没什么不利影响。我们又告诉另一组学生，他们学费增加的可能性低，然后询问学费增加对他们有怎样的不利影响。他们的回答却是：确实对他们有非常不利的影响。换句话说，我们不仅仅接受我们的现实，或我们所认为的“我们的现实”，而且，我们好

> 像还会自欺欺人地这样思考：现实就是我们自愿做出的选择，或者是正常状态下事情应有的样子。

人们的这种倾向很好地解释了：为什么针对某种行为立法会导致新行为规范和新标准的建立。当我们为“我们为什么要这样做”找理由时，我们终将会相信是自己要这么做的，然后很快就会有意无意地对它进行内化。对于体系设计来说，这是非常有帮助的。这意味着，一旦我们建立了“亲社会的”（prosocial）或者“合作的”行为规范，随着时间的推移，它们就会自我强化（self-reinforcing）。这些体系会变得动态化：我们实践合作的次数越多，越相信合作的好处。毫无疑问，这些变化使合作的维持变得更加容易，因此，我们就可以通过合作的方式解决更多的问题，这样就可以进入一个良性循环。

这种说法在很大程度上还是一个假说，但这一假说确实处在众多学科领域的最前沿。美德伦理（virtue ethics）专业的一些研究成果，就考虑到了时间对习惯的影响。社会心理学专业也有不少研究成果，比如我们前面说过的“我们怎样为我们的做法找理由”。几十年来，这一来源于亚里士多德“如何通过实践灌输美德”理论的根本问题，还没有成为重要研究课题。但今天，它正在成为实验经济学、组织社会学、政治学和进化生物学等交叉学科的一个新研究领域。我们完全可以推测，就合作来说，“熟能生巧”是最好的总结。也就是说，通过建立和投身于合作体系，我们提高了整个社会合作水平的基准线。

道德承诺与原则性行为

假设你在一个你从未去过的城市，坐在那座城市里的一个公园的椅子上，你也不清楚自己是否有机会再到这个城市来。一位男士从你旁边匆匆走过，他一边走一边在用手机打电话。他伸手从衣兜里掏出一块手帕，擦了擦额头上的汗，又把手帕放回了衣兜。但在这一过程中，他的两张 50 美元面值的钞票掉到了地上，刚好落在你的脚边。他没有察觉且仍在往前走。现在，他离你有 5 米远了，还在飞快地走着。公园里的人很少。在你所坐的地方，周围 50 米之内没有第二个人。你会怎样做？对于一个完全自私的人来说，答案是不言而喻的：弯腰把钱捡起来并揣进兜里。你不会因此惹上任何麻烦，因为现金基本上是无法追踪的，周围没有目击者，你也不认识那个男人。但对一个有道德的人来说，这确实是件麻烦事儿，他将产生没有将钱"物归原主"的罪恶感。有些人的罪恶感会比另外一些人更加强烈。对那些自己偶尔把钱弄丢的人来说，他们会觉得把钱据为己有的人应该受到谴责。

由于丢钱的那个男士看起来很富有，因此，某个在经济上陷入困境的人可能会将这笔钱视为合情合理、可解燃眉之急的意外之财。但不论我们最后怎样做，与自己有一个对话也好，犹犹豫豫也好，或者是叫住那个男士并将钱还给他也好，我们的行为都不是因为害怕惩罚，而是因为内心有一个无时无刻不在的道德指南针。

格劳乔·马克斯（Groucho Marx）的妙语是对道德承诺的最好说明："这

些是我的原则。如果你不喜欢它们，我还有其他原则。”与社会行为规范不同，道德规范是很难共同商定的，也不容易强制执行或者改进。这样一来，在能发挥作用的地方，它们就特别有威力。但在设计合作体系时，它们属于缺少韧性的组成部分。

使事情变得更为复杂的是，受道德驱使的所有行为并不总是合作型的（请记住，强烈的社会认同感会引发很多群体之间的残暴行为，如冲突、偏见和仇恨等），就如同团结所驱使的行为一样。比如，你是某个群体的成员，这个群体一直在盗用国家养老金，但是你的道德感不允许你这么做，因此你没有拿这些钱而是交给了别人。很显然，这会损害群体的合作，但大多数人都会认为这样做是对的，是值得赞赏的。

另一方面，强烈的道德信仰也会导致极端的反社会或者有害于社会的行为，这种情况在社会的很多领域都存在。动物保护主义者可能会砸毁装满毛皮的仓库；反堕胎活动者可能会枪杀医生或者烧毁诊所；忠于友情的人对于朋友即将实施的严重犯罪可能会知情不报。这并不是说道德是驱使我们一切行为的唯一因素，而是说依道义而行动的强烈冲动是普遍存在的，不管与其相冲突的物质和社会利益有多大，它根本就视而不见。

阿马蒂亚·森在其《理性的傻瓜》一书中分析了遵守行为规范的重要性，他认为这是经济学中完全不同的行为起源。阿马蒂亚·森风趣地说道：“‘去火车站怎么走？’他向我问路。我指着邮局对他说，‘那里就是，请顺便帮我寄封信好吗？’‘没问题。’他说着，并打定主意拆开信封看看里面有没有什么值钱的东西。”这就是说，如果每个人的行为总是为了自身的利益，没有人把诚实、忠诚等基本道德规范牢记于心的话，那么我们生活的世界就是一个道德沦丧、粗俗不堪、相互猜疑的世界。也许，我们不得不建立一个以监视和惩罚为基础的严厉体系。

当然，现实是不会走入这两个极端的。实际上，并不是每个人都是有道德的。即便是对于某些有诚意、有能力表现出道德行为的人来说，也不是所有的人在任何时候都愿意或实际去做他们认为“对的事情”。但请记住，我们要努力去做的不是想象出来一个完全不同、友善的世界；我们努力的目的，是对人们的真实行为有一个深入细致的全面理解，通过让那些不完全受自利驱使的人开展更加高效的合作，建立以合作为基础的体系，而不必局限于以“每个人都是自私的”这一假设为基础的那些体系。

我们可以把道德驱动力视为一种作用特别大的行为规范。道德禁忌是最强烈的，在绝大多数情况下，我们的身体会强烈要求我们回避道德禁忌。吃禁忌食物（比如吃人肉）或者发生禁忌性行为（比如乱伦）的想法，会让我们感到反感和恶心。当然，并不是我们所有的道德规范都会引起如此强烈的反应。但有一点是清楚的，内化的道德规范，确确实实对我们的行为产生了非常大的影响。因为我们做任何事情时都会想到是否对得起自己的良心。

当前心理学研究的一个热点，就是弄清楚道德力量究竟在大脑中的哪些区域激活了怎样的反应。

合作实验

乔舒亚·格林（Joshua Greene）是研究道德神经生物学的著名心理学家。在乔舒亚·格林进行的一项研究中，当被试思考一些基本的道德问题时，他对被试的大脑进行了扫描。可能的问题包括"你是否会扳动扳手把列车从5个人所在的铁轨引向1个人所在的铁轨"，或者"将某个胖家伙推到列车前面让车停下来，以防止列车撞向那5个人"，等等。乔舒亚发现，当人们面对这样一些左右为难的困境时，大脑中被激活的部分不仅与理性决定区域有关，也与感情、社会关系、冲突和记忆等区域有关，而后面这些区域通常与客观的问题和决定没什么关系。

尽管神经系统科学还不能在大脑中单独划分出来一块与道德相关的区域，甚至可能永远都做不到这一点，因为人类的心智太过复杂了，但是这些研究却告诉我们：我们在做出有关道德的决定时，身体的反应是截然不同的。

这些身体上的特性如何才能转化为一系列令人困惑的承诺，如有道德的行为，或者回避人类的众多禁忌呢？一个可能的思路我们曾在第1章讨论过。政治学家们利用双胞胎开展的研究工作证实：遗传因素在投票过程中发挥着重要的作用。虽然说每个人天生就有道德行为能力，但我们必须在观察别人的行为之后，用实际内容填充这一能力。由于责任心一般是以投票这种特定的形式来体现的，所以我们也可以形成一个更普遍的认识：我们建立与遵守道德承诺的能力所对应的体现形式是什么，在很大程度上取决于我们所处的环境和文化。对于想设计合作体系的人来说，一个很重要的事实是：我们能够在某种程度上，按照我们所处社会的道德规范去做。所以，当我们怀疑某个人是否会将掉在他脚下的100美元据为己有时，或者当我们担心某个人是否会在没有监督的情况下好好工作时，又或者当我们考虑是否要对带孩子的保姆进行全程监督时，我们需要懂得并提醒自己不要忘记：尽管人类并不必然是天使，但大多数人天生就是有道德感的。

我们已经知道，人类非常在意"我们认为什么是正确、公平、正常和适当的"，甚至超过了我们对更大自利和更多奖励的关注。这就是说，在建立体系时，无论是市政计划、社团的规章制度，还是依靠人们遵循一套行为规范而运转的新型网上社区，我们都不能单单"依靠激励措施"。我们还必须在与体系目标相一致的条件下，帮助人们定义什么是正确的，什么是公平的，以及什么是适当的。但这又引出了一个新问题：激励是否具有根本性作用？在下一章里，我们将讨论激励在合作中的作用，并探究让人意想不到的奖励与惩罚的动力学机制。

THE PENGUIN AND THE LEVIATHAN

How Cooperation Triumphs Over Self-Interest

第7章

关键要素7：动机导向的奖惩制度

为合作行为提供物质奖励，往往会对人们参与这种行为的意愿产生不利影响；对不合作行为实行经济处罚，人们则会愈加不合作，这就是所谓的“挤出效应”。只有充分考虑到人类行为动机的奖惩制度，才能收到预想的效果。

2006 年 7 月中旬，我像往常一样待在纽约法尔岛（Fire Island），上午写作，下午跟孩子们堆沙堡、玩玩水。一天上午，我正在网上为本书的写作做些研究工作。这时，我收到朋友发来的一封电子邮件，让我去看看尼克·卡尔（Nick Carr）的博客。卡尔一直是“互联网导致社会转型”的怀疑论者。对于年轻好胜、时任网景公司（Netscape）总经理的贾森·卡拉卡尼斯（Jason Calacanis）的挑战，卡尔以博文的形式予以了回应。卡拉卡尼斯力劝 Digg（当时最受欢迎的协作性新型聚合网站）的主要贡献者“别犯傻了”，因为在 Digg 上的工作是免费的，他们应该投奔他的网络：Weblogs, Inc.。在这个网络上，贡献者的工作是有报酬的。卡尔声称，卡拉卡尼斯的商业模式，即为内容付费代表着互联网的未来，而依靠志愿者用户的贡献，即 Digg 的做法，可能属于目前还可维持的模式，但随着定价与选择机制的完善，最好的贡献终将转向为内容付费的网站。

我不同意卡尔的观点，所以，我对他的博客作了回应。我解释说，付费给贡献者的那些网站不可能在与吸引人的协作型平台的竞争中胜出，因为驱动两者的动机不同：前者是钱，后者是内在的奖励，这两者常常是对立的。我的回复是这样开头的："我很高兴跟你打这个赌……"几天之内，"卡尔-本科勒赌注"就登上了《卫报》，并成为维基百科的一个词条。卡尔和我通过电子邮件商定，我们中的一个人必须为接下来的某一次饭局买单。

内在动机与自利的关系问题至关重要而又极其复杂。这本书从头至尾都在告诫大家，对"人们仅仅追求自利"的主流观点提出挑战是一回事，而设想"我们所有的行为都是无私的"则完全是另外一回事。除了自身以外，我们还会关心他人：我们的亲戚、同一社区里的人，只是程度有所不同。即便是陌生人，我们也能感觉到彼此之间的共同之处，或者共有的认同感。我们还知道，人们非常在意的是，在特定背景条件下，我们要做自己认为正确的、正常的，或者从社会角度看适宜的事情，即便做这些事情会让我们付出代价。

尽管每种社会动机都是我们决定怎么做时的影响因素，但它们的总体影响如何还是一个谜。我们不会天真到完全忽视自利的地步。我们只是认为，它的影响程度与我们过去所认为的相比要小很多。研究自利在决策中的作用，最好的方式也许就是回到实验室来。很久以来，经济学家的所有工作都建立在下面这一假设的基础上：奖金越高，追求自利对我们行为的引导作用越大。但实际上这是错误的。无数实验结果证明，仅仅增加奖金，并不能大幅提高合作水平，即便在贫穷国家进行实验也是如此，在这些国家里，奖金高达3个月的工资。让人们在行为上体现出差异的是合作的相对成本。如果与合作的可能回报相比，自私行为的相对收益较小，那么就会有更多的人选择合作。

在囚徒困境博弈中，如果两个玩家都合作的回报是4美元，而一个玩家背叛、另一个玩家合作时，背叛者的回报由9美元减少为6美元，只有很少的人会选择背叛。从逻辑上讲，如果人们是纯粹受自利驱使的话，这种回报上的改变不应该影响人们的行为。背叛仍将是不错的选择，因为6仍然大于4。但是，实验的结果却不是这样的。至少，有些人愿意在付出代价的情况下仍表现出合作行为，只要这个代价别太大就行（在本例中，现在的成本是2美元，而不是原来的5美元）。换句话说，我们的合作意愿对自己为优先选择合作而支付的价格是敏感的。

在现实世界里，可以用于说明这一现象的最好例子，当属日常生活中的循环利用。在推行循环利用的城市，如果市政部门到路边进行回收，而不是让居民将可循环利用的旧物送到中心区域的话，大多数人都能按要求去做。我们凭直觉也知道这是讲得通的。如果遵行一种行为非常便利的话，我们就更有可能这样做。但更有意思的是，实际上，与物质激励因素，也就是市政部门是否会收取罚金相比，便利在是否遵行决定中是更为重要的因素。收取罚金似乎导致了更多的违抗而不是遵行。其他因素，比如关于循环利用，人们认为他们的邻居和亲戚会怎么想的社会压力，也发挥着很大的作用，但其作用究竟如何，又取决于循环利用是否方便。

这就告诉我们，如果想激发合作的话，我们就要注意别给人们增加太大的负担，这样他们的行为就可以全凭自身善良本性的指引。例如，某些市政部门改为在路边接收循环再利用物品。在 10 多年前，我刚开始研究网上合作的时候，将这种结果称为贡献的“模块化”。在研究网上协作平台时我发现，那些最成功的网上协作平台，都在想方设法将所需做的工作拆分成细小且相互独立的单元，这样志愿者就可以一点一滴地做出贡献，而不必有太大的负担。将成千上万乐意做出微小贡献的人乘以 5 分钟，就没有什么做不成的事情。简单地说，激发 100 万人每人用 5 分钟时间做某件事情，要比激发几个人用几个月或者几年时间做某件事情容易得多。

对此持怀疑态度的人立刻就会说：“所以，归根结底还是钱、激励措施和自利的问题！”但如果钱的作用真的那么巨大，为什么还要千方百计地利用共情、社区和希望做公平或正常的事情等内在动机呢？我们是否只需将关注点放在奖励希望的行为上和惩罚不希望的行为上，而让社会与情感动机能发挥多大作用就发挥多大作用呢？这个问题的答案简单而又出人意料：我们不应该这样做，因为物质与社会动机并不总是协调一致的。实际上，奖励与惩罚往往会挤出或者抵消掉人们的内在动机。

奖励的“挤出效应”

在过去的30多年间，成千上万的实验和观察已经证明了“挤出效应”的存在。最早发现、也许是最具开创性的例子，就是献血。直到20世纪70年代初，美国的大多数献血者都会得到现金补偿，这些资金一部分来源于非营利机构，一部分来自以盈利为目的的企业。而在英国，献血完全是自愿的，并由英国国民健康服务（National Health Service）组织负责。

合作实验

社会学家理查德·蒂特马斯（Richard Titmuss）在对这两种系统进行比较时发现，英国体系获得的血液质量高（以血液接受者通过输血而感染肝炎的可能性大小作为衡量标准），浪费少，医院很少发生血液短缺。在蒂特马斯看来，美国的献血体系缺乏公正性，因为富人通过买血剥削了穷人和那些陷入困境的人。在不考虑道德规范的前提下，他得出的结论是，自愿体系比基于市场的体系更安全、更高效。

可以预见，蒂特马斯的观点立即遭到经济学家们的反对。最引人注目的是诺贝尔奖获得者肯尼斯·阿罗（Kenneth Arrow），他承认美国的献血体系有缺陷，但不认为是由于为献血者支付报酬导致了自愿献血人数的减少。阿罗承认，有些献血者的行为受道德或内在动机的驱使，他们之所以献血，因为这样做是正确的。但另一个完全不同的群体，他们的行为会受到价格和市场机制的驱使，即为赚钱而献血。由于这些群体是分开的和相互独立的，所以针对一个群体的激励机制不会影响到另外一个群体。为献血者支付报酬，不会妨碍到第一个群体的献血者，而取消为献血者支付报酬却会妨碍到第二个群体，导致总的献血人数下降。阿罗坚持认为，美国的高感染率可能是由于为钱而献血的人不太在意他们所捐献的血液是否有问题，而利他型献血者如果知道自己的血液有问题就不会献血了。

尽管存在异议，但事实胜于雄辩。实际上，美国于20世纪70年代后确实转向了志愿者体系。做了这样的改变之后，新增的利他型献血者大大超过了为钱而献血者的减少量，正如蒂特马斯预料的那样。一旦取消了物质激励，献血量就增加了，质量也提高了不少。从总体上看，与20世纪70年代之前相比，这一体系运行得非常稳定和高效。在随后的几十年里，人们关于有偿献血是否妨碍了自愿献血的争论一直没有平息，但实验结果却总是惊人得一致。最近在瑞典进行的一项非常有影响的研究表明，当为献血者支付报酬时，女性的献血量明显下降，而男性的献血量却没有受到太大的影响。如果为女性提供一个机会，让她们可以将收到的献血报酬捐献给某个儿童健康基金会，献血量又会回到原来的水平。

合作实验

在瑞士进行的另外一项研究为我们提供了有力的证据：在较为明显的公共背景条件下，引入物质奖励不利于合作。实验者询问瑞士一个小镇的居民，是否同意在小镇附近建一个核废料堆放场。如果实验者针对的是这些公民

> 的公共责任感，告诉他们安全放置这些核废料是一个重要的国家目标，有超过半数的居民会表示同意。但是，当告诉这些居民，国会已经表决通过了一项议案，将向核废料堆放场所在小镇的居民提供货币补偿时，仅有 1/4 的居民表示同意。与没有补偿相比，乐意接受的人数只有那时的一半！布鲁诺·弗雷和塞缪尔·鲍尔斯（Samuel Bowles）等经济学家、爱德华·德西和理查德·瑞安等心理学家，对类似的实验进行了分析，对各种各样背景条件下、众多不同领域的类似现象进行了检验，结果都非常清楚和具有说服力。

但我们对此该如何解释呢？为什么为合作行为提供物质奖励，比如献血，反而会对人们参与这种行为的意愿产生不利影响，而不是起到推动作用呢？为了回答这个让人费解的难题，请设想一下：我们的希望和行为就像是四匹马拉着的一辆四轮马车，这四匹马分别是物质利益、情感需求、社会动机或连接关系和道德承诺。如果四匹马都向一个方向使劲儿，我们很容易就能够向那个方向前进，即按照偏好、原则或者策略行动；但如果这些马向不同的方向使劲儿，我们向哪个方向前进就没那么简单了。这就是说，引入的物质奖励如果与马使劲儿的方向不同，大家的前进方向就不同，就会让我们偏离提供奖励的那个人想让我们去的地方。

第一个与马使劲儿的方向不一致的力量，我们称之为“规范性框架”，或者说在特定情境下我们对行为规范的样子的一种期望。回想一下我在第 4 章介绍的华尔街或社区游戏实验，以及像沙发客和 Zipcar 等服务行业的例子，从中我们可以得出，人们认为自己参与的互动的类型，对合作水平有着巨大影响。与人们认为某个互动是商业性的（“华尔街”）相比，如果他们认为这个互动是社会性的（“社区”），他们就更倾向于合作。因此，对于我们认为是亲社会的事情或者善事，如果提供了奖励，这种互动就会被描述为“商业性”的，并告诉我们在这种情况下自私是可取的，反之亦然。

第二个跑偏机理是社会信号传递。我们的行为向别人发送了我们是哪类人、我们认为自己参与的是哪种互动等信号。在日常生活中的任何一种境况下，我们都可以凭直觉敏锐地判断出。

> 假设你在主办一个晚会。有个客人带来一瓶酒和一盒巧克力，而另一个人则在餐后拿出一张 50 美元的支票。我估计，第一个朋友给你的感觉是很体贴的，而第二个朋友的行为，即便算不上极为扫兴，至少也让你感到很不礼貌。但为什么呢？他们两个人都为晚宴提供了一种“报答”，而且用钱来衡量也相差无几。问题在于，酒与巧克力是可接受的，因为可以将其看成礼物或者谢意，这是社会性行为。50 美元则会被看成一笔生意，这显然不是社会性行为。

当别人为我们的善举支付报酬时，发出的信号就是：我们并不像我们希望被别人认为的那么无私——在很多情况下，我们最开始都是受无私行为的动机驱使，至少是一部分这样的动机。这就是为什么慈善机构、非营利组织和艺术团体常常用杂志订阅、手提袋等作为礼物回馈捐献者。这样做可以将彼此间的互动关系描述为更具社会性的关系，而不仅仅是我给了你一些钱，你又给了我一些钱。

另外一个解释挤出现象的全面且连贯的心理学理论是由心理学家德西和瑞安提出来的。按照德西和瑞安的理论，人天生就具有自主需求，我们需要这样一种感觉：我们能掌控自身的偏好、原则和行为。所以，当我们觉得被别人的奖励与惩罚所操控时，自主感就受到了威胁，于是，我们通过拒绝做别人希望我们做的事情进行反抗（尽管是下意识地），甚至会做出与别人希望我们做的相对立的事情。

> 如果一对父母对他们的孩子说："你决心为考试而努力复习，这太棒了。"而另一对父母对他们的孩子说："如果你在考试中得A，我就给你5美元。"那么，前面那个孩子肯定比后面那个孩子更加主动，从长期来看，也会比后面那个孩子做得更好。

这与献血的情况没什么差别。因自己选择捐献而进行捐献的人们常自我感觉良好，而当人们知道他们的捐献是因为别人为他们支付了报酬时，他们就不喜欢这样做了。如果想避免这种挤出效应，我们就要对奖励和惩罚进行重新描述，尽可能多地维护人们的自主感：没错，他们是得到奖励了，但这是对他们根据自己的意愿所选择做的事情的一种奖励。

这里我们回想一下瑞典的献血实验。当实验者为献血者支付报酬的时候，有部分女性会减少献血。但当她们可以将这些钱捐给慈善机构时，她们的献血量又恢复到了原来的水平。公开地将这些钱捐给慈善机构这一举动，进一步增强了这些妇女正在向她们自己和他人传达出来的信号：她们是慷慨的和有爱心的。这样做，相当于把她们的行为重新描述为纯粹捐献行为，而不是模模糊糊的利他行为。这样，她们对互动的掌控感觉就会更强烈一些。

设计合作体系的一个关键点，就是我们不能认为提供物质奖励就会增加所希望的行为出现的概率。没错，这的确有助于让“物质利益之马”在我们所希望的方向上跑得更快一些。但它也会让情感、社会和道德之马向相反的方向猛拉，从而导致四轮马车的急停。

为爱还是为钱

在当今社会，不关心钱是不现实的。我们需要钱来维持自己的生活和抚养子女。我们每天都在为挣钱而工作，为钱而兵刃相见。我从没说过钱不重要。但毫无疑问，相对一些人来说，钱对另外一些人更重要。这也是为什么有一些人成了股票经纪人，而另外一些人成了教师。

合作洞察

不计其数的实验研究告诉我们，在任何情况下，差不多都有一半的人会表现出合作与慷慨的行为，大约有 1/3 的人会表现出自私行为。因此，我们真正需要的体系，是可以一方面利用好人的社会动机与自私动机，另一方面又避免后者将前者“挤出”的体系。换句话说，我们所需要的体系，既要为倾向于受自利驱使的人提供物质奖励，同时又不妨碍本质上倾向于合作的那些人。身边的无数事实都在告诉我们，这是可能实现的。比如，谷歌公司的工作环境就可以让人们获得一种很强烈的个人成就感、社区感和智力满足感。与此同时，员工的薪水也不错。在众多开源软件开发项目里，很多参与者的工作是有报酬的，但也有相当多的人不是为报酬而工作的。

开源软件行业不一样的公平报酬

自由和开源软件的成功让经济学家非常难堪，主要通过志愿者完成的软件，怎么会比付费的开发人员写出来的软件还好呢？更加不可思议的是，这些志愿者不将代码据为己有，也不收取任何费用。由于这太令人难以置信了，以至于“为什么每个人都将他们的时间和能力贡献给了协作型网上项目”已成为很多领域的研究课题。研究工作始于经济学领域，后来又扩展到计算机科学、加工工程和人类学等众多学科领域。调查及其他研究工作一次次给出的答案，与我们到目前为止所讨论过的社区、公平、互惠和遵守行为规范等内在动机完全一致。

合作实验

在一项经典研究工作中，卡里姆·拉哈尼（Karim Lakhani）和罗伯特·沃尔夫（Robert Wolf）发现，人们参与开源软件开发的最普遍的原因（有44%的回答者选择），是这项工作提供的智力激发（intellectual stimulation）乐趣；第二重要的原因是提高自己的技能。另外一个广泛报道的动机更具有代表性，有1/3的开发者认为“源代码应该公开”。换句话说，他们参与的动机仅仅是他们认为这样做是对的。有28%的回答者认为他们的动机是回馈社区的责任感，因为社区已经给他们提供了如此强大的工具。团结和群体认同也起着很大的作用：高达80%的回答者将自由软件黑客社区描述成了他们获取认同感的主要来源，20%的回答者说他们的积极性来自团队合作。

人们奉献他们的时间和努力，因为他们觉得这样做是对的，因为他们觉得奉献是公平的，因为这样做增强了他们的认同感和社区感，或者更简单地说是因为很有趣。但是，让我们暂时回到“卡尔-本科勒”赌注上来。如果你往“混合饲料”中加一些报酬，会发生什么事情呢？它会挤出这些社会和情感动机吗？或者，它会让最好的人才放下他们的志愿者工作，转向有报酬的地方吗？

在欧洲和美国，大约一半的开源项目贡献者报告说，他们的工作是有偿的，而且这一数字仍在增加。Linux 基金会 2008 年发表的报告称，Linux 内核（差不多是最好的开源工具之一）上 70% 的工作，是由付费程序员完成的。这是否意味着挤出理论是假的？该怎样解释我们对公平的永恒期望呢？为什么这些没有报酬的人，在知道别人的工作是有报酬的情况下，仍会继续做无报酬的工作呢？弄清楚这两个问题，有助于我们理解怎样在不将社会动机挤掉的同时，把金钱激励结合到一个体系中来。

我们已经知道，挤出效应发生之时，要么是提供的物质奖励与一个人对互动的期待不一致，要么是提供的物质奖励妨碍了某个人的自主感和控制感。在商业环境下，前者不应该是问题，因为人们希望别人为他们的工作支付报酬。但如何解决控制问题呢？如果我出钱让你做某件事，我是不是会冒着“你会觉得你的自主受到威胁而失去兴趣”这样的风险呢？除非我以某种方式对任务进行重新安排，让你保持一定的控制水平。

开源项目如此成功的原因之一，就是它们在做什么项目、往哪个方向走等问题上赋予了开发者足够的自由。研究这一现象的人发现，即便当公司聘用一个软件工程师开发某一特定的自由软件项目时，公司也不会对这个工程师的工作指手画脚，甚至在工作成果如何使用的问题上，公司也很少发表意见。安德鲁·莫顿（Andrew Morton）是 Linux 内核开发的领军人物之一，他解释说，付费的开发人员经常会拒绝工程师们的某些要求，当然前提是他们不认为这些要求“有益于这个内核”。大多数熟悉这一行的人都有同感：如果公司派支付报酬的员工参与自由和开源软件项目，但不放弃对员工创造力的诸多控制，这些员工将失去对这一自由软件项目本身的兴趣和社会资本，而这些东西本来能让他们成为最有成效的员工。无论是心理的、内在的影响，还是社会影响，都要求企业主放开他们聘用的支付报酬的软件开发人员的手脚。

另外一个有助于保护开发人员自主感的有趣做法是，报酬和指令来自不同的地方：报酬来源于购买软件的公司（比如IBM），而指令来源于工程师（在开发人员允许的范围内）。这非常重要，因为这似乎有助于开发人员在心理上将创造过程与报酬分开，将内在动机与金钱激励分开。这可能就是为什么引入政府奖金的努力——以直接报酬换取某些特定的贡献，从未大范围铺开的原因，因为这让报酬对贡献有一定程度的逼迫感。

在一些网络劳动力市场里，人们可以“租个程序员”，这些付费项目对自由软件开发没有起到多大作用。但它们为在自由软件项目中经受过锻炼的人提供了便利，又为他们提供了一个选择：即便没有公司雇用他们开发开源软件，他们也可以靠自己的技能赚钱。软件领域的众多例子再三告诉我们，在激励人们参与协作性项目的问题上，非紧密联系、婉转的报酬支付方式，效果要好得多。“按绩效付酬”（pay-for-performance）的直接模式（尼古拉斯·卡尔称之为“卡拉卡尼斯的钱包”），对于努力追求内在利益的那些人来说是一种伤害。必要而又可取的报酬模式要与内在动机驱使的行为彻底分开。

由此可以看出，开源软件领域并不存在挤出效应。因为这个行业的通行做法使软件开发人员拥有充分的自主权，他们会觉得创造过程非常有意义。但这并没有涉及公平问题，或者说，并没有对下面这个问题给出答案：为什么没有报酬的工程师没有因为觉得被人看不起而拒绝参与软件开发呢？一半的开发人员有报酬，而另外一半开发人员却没有，这究竟是为什么呢？我们在第 5 章曾讨论过，公平并没有确定的定义，对不同的人、不同的境况来说，公平的定义也不尽相同，它还深受社区和文化期待（cultural expectations）的影响。

开源软件领域的公平报酬，似乎与其他领域的公平报酬有很大差别。因为自由和开源软件项目在物质报酬之外还有很多其他回报，比如别人的承认和地位等。根据我以及其他研究人员的观察，在自由和开源软件开发社区里，一个人的地位完全是由他的能力、所写代码的质量和完美程度决定的。这些无形的报偿——别人的尊敬和钦佩，对项目开发的影响力是极其宝贵的。所以，尽管志愿者没有得到传统意义上的报酬，但他们在这个社区里获得的社会奖赏，也足以称得上“公平的酬劳”。事实证明，这足以缓解可能存在的任何不公平感。在针对自由和开源软件项目的众多研究工作中，研究人员从未发现付酬工程师和无报酬工程师之间存在紧张关系。

我们都有一个美好的愿望：希望在软件行业与自由和开源软件社区建立一种持久的关系，并把物质动机和社会动机成功地结合在一起，而且前者不会挤出后者。但是，如果这些人很特别怎么办呢？如果软件开发者是动机与他人迥异的另类群体又该怎么办呢？也许，自由和开源软件开发文化所吸引的那些人与献血者没什么两样。相对于物质奖励而言，他们更看重社会奖赏。为了研究这个问题，我们来看一下美国社会最具争议的一个现象：高管薪酬。

20世纪70年代，美国公司首席执行官的工资是他们所在公司员工平均工资的25倍。到了80年代，这一倍数增至40。但此后，高管的工资才真正大涨起来。1996年高管与员工工资比是1∶210；到了2000年，平均来说，首席执行官的薪酬已超过员工平均工资的500倍。高管薪酬的大幅增加，主要源于人们提出的一个新观点，这一观点的名字叫“代理理论”（agency theory）。代理理论认为，公司的每个员工都是为某个人或实体的利益工作的一个代理人，那个人或实体被称为委托人。这样，员工就是经理的代理人，依此类推，经理是公司副总的代理人，公司副总是首席执行官的代理人，首席执行官是股东的代理人。

代理理论是建立在以下假设基础上的：我们每个人仅对自身利益的最大化感兴趣，因此，代理人会毫无例外地把自己的目标放在委托人的目标之上。因此，该理论进一步告诉我们，最大程度发挥员工价值的最好方法，就是让每个代理人的激励与他的委托人的激励相一致。大多数情况下，这并不困难。每个委托人为向他们报告的代理人设定好目标，然后根据这些目标的达成情况向代理人支付报酬。但高管的薪酬该如何确定呢？公司领导层里没有比他们级别更高的人了，那他们的目标应该与谁的目标一致呢？答案是：股东。

合作实验

1990年，经济学家迈克尔·延森（Michael Jensen）和凯文·墨菲（Kevin Murphy）发表了一篇非常有影响力的经典文章，文章认为，为了最大程度发挥高管的价值，公司应把他们的薪酬与股票表现联系在一起。这为将股票期权作为高管薪酬的核心内容提供了可靠依据和动力，于是，高管工资一飞冲天。（不难理解，如果学术成果的建议能让有决定权的人发大财的话，学术成果就有着巨大的影响力。）

这个理论确实很有效，但主要是对高管（也许还要算上把飞机和游艇卖给他们的那些人）来说的，对公司和股东来说却并非如此。墨菲在1999年的文章中写道，他承认“很难证明基于股票的激励是否能让首席执行官们更努力、更睿智地工作，或者更关心股东的利益”。2002年，延森写到，这一薪酬体系是在鼓励高管以长期利益为代价追求短期利益，因为这增加了他们的选择权的价值。试图找出高管薪酬与公司绩效关系的众多研究工作都未能如愿。换句话说，这一理论以惨败收场。在21世纪的前10年，丰田公司首席执行官所拿的薪酬要比美国通用汽车公司的首席执行官低很多，但是丰田公司在同一时期超过了美国通用汽车公司成为世界上最大的汽车制造商。

怎么会这样呢？如果首席执行官的报酬建立在公司经营绩效的基础上，那么，这一定会激发他们把全部精力都投入到工作中。那为什么没有达到预想的效果呢？原因有三。

- 第一个广为人知的原因是当首席执行官的工资跟近期的股票价格联系在一起时，他们就会尽力追求短期效益而忽视长期效益。在某些情况下，这会导致彻彻底底的欺骗行为。有一项研究发现，如果公司建立了基于股票的薪酬体系，这些公司被证券交易委员会列为“骗子公司”的可能性会增加一倍。
- 第二个原因是自我选择：支付基于股票薪酬的公司吸引过来的高管，肯定是那些受金钱激励驱使的人，这些人很少受内在动机的驱使，去做影响他们底线的事情。
- 第三个原因，也可能是最有害的原因是，这种薪酬模型向公司里的每个人都发出了这样一个信号：就价值而言，金钱的重要性要远大于努力、贡献和才能。

一个人可以滔滔不绝地谈论说，这是一家善于包容与协作的公司，但如果员工们觉得领导公司的人是自私的且薪酬太高了，他们就会愤愤不平、缺少动力。就像在华尔街游戏中框架改变了参与者对可接受行为的期望一样，过高的高管薪酬为组织塑造的文化框架就是：贪心、自私和不愿合作是可取的。

那么，如果将首席执行官的薪酬与绩效联系在一起无法获得希望的结果，还有其他选择吗？公司怎样才能在不提供具有竞争力的薪酬的条件下找到最好的人才呢？我们首先要知道，美国的工资已经远超欧洲各主要国家，更不用说日本了。金钱已经不是一个按金钱本身来理解的实际目标，而是在高管人群中的价值标志，是对他价值的一种度量。但其他地方并不是这样。权力、兴奋、偶尔的尊敬及其他内在的工作报酬，足以吸引很多候选者。在日本汽车行业，以每年 90 万美元的薪酬找一个公司高管是绰绰有余的。

另外一个例子来自学术界，这也是我最关心的。美国的重点大学因吸引了全球的顶尖科学人才而闻名于世。在今天的知识经济时代，人们对创新和技术进步的依赖比以往任何时候都更加强烈，在这些大学里教书的顶尖研究人员，如果为默克（Merck）和微软这样的公司工作的话，都会拿到高薪。可事实是，有成千上万条件最好、最聪明、最有创造力、受过良好教育的人，选择在学术界领取微薄的工资（有的人年薪只有十几万美元），却不把他们的技能贡献给私企。

他们为什么会这样做？主要是因为在学术环境下，创造性、好奇心、发现以及为了共同目标的相互协作，既能够得以实现，也是对这些人的一种奖赏——不是从经济上，而是从社会上和内心上。怪不得像谷歌这样领先的技术公司的工作环境日益校园化，因为这样人们就有更多创造与玩耍的机会，有更多专注于自身项目的自由，以及更多的社区参与。

无论是在学术界还是企业高层，无论是维基百科还是自由软件，也无论是政府还是非营利机构，我们观察到的情况都是：如果这个工作本身就是值得做的，或者在很大程度上与社会层面的尊敬和价值有关联，那么，吸引最优秀的人才来工作，报酬就既不是必要条件，也不是充分条件。这些与精心设计、支持全心投入和专注的社会结构相结合的工作岗位，倾向于吸引在这些条件下生机勃勃的人，这些人会为了让他们投身的企业发展得更好而比别人多做一些。

我有足够的自信认为：在 2011 年的某一天，尼克·卡尔将要为我们的晚餐买单。

惩罚的困惑

到目前为止，我们针对奖励展开了很多讨论。那么惩罚又有怎样的作用呢？我们在第 5 章讨论过：我们如此在意公平，宁愿付出代价也要惩罚那些行为自私的人。但是，以惩罚相威胁真的能让人们改掉不良行为吗？除了复仇带给我们的快感之外，还有什么其他影响吗？答案是：有。但我们已经知道，物质奖励会挤出我们合作的内在动机，因此我们自然要问：惩罚的威胁效果是否会更好一些，或者说，惩罚是否也存在挤出效应？

在针对这一问题的众多研究中，经济学家厄恩斯特·费尔和他的同事西蒙·盖希特（Simon Gaechter）、贝蒂娜·罗肯巴克（Bettina Rockenbach）等人进行的公共利益博弈实验是最有影响力的。你可能还记得，公共利益博弈实验是这样的：实验者会给被试一些钱，然后每个参与者可以将自己手里的这些钱按照自己的意愿捐出一部分作为共有资金。实验者会将共有资金乘以一个倍数，然后由大家均分这些收益。实验结果表明，完全自利的人不会捐出一分钱，他们只会让别人捐出一些钱，然后继续分享收益。但你可能猜到了，在实际实验中，很多人把实验者给他们的钱全部捐了出去，而另外一些人则一分钱也不捐或捐得很少，平均来说，参与者会捐出一半。这与有些人表现出合作行为、有些人表现出自私行为的发现一致。

可当参与者玩多轮游戏时，事情开始向不利的方向发展。一旦合作者意识到自私的玩家正在蒙骗他们，他们就会降低捐钱的数额，直到谁也不捐为止。因此，费尔和他的研究小组想知道，如果被试有机会惩罚那些不捐钱的人会怎么样呢？为了找到答案，他们添加了一条规则：参与者可以用稍微减少一点自己的收益为代价，减少其他参与者的收益。例如被试 A 说，“如果你在实验结束时把 B 的收益扣掉 3 美元的话，我愿意在游戏中少拿 1 美元”。实验结果非常明确：当面临惩罚威胁时，不合作者开始捐出适量数额的钱，这一体系因而得以维持下去。

但是否存在挤出效应呢？大量的实验和现场观察结果告诉我们，与奖励体系一样，惩罚体系也会产生事与愿违的结果，其中一个来源于以色列幼儿园的一个实验，特别有说服力。

有个问题一直在困扰着这个幼儿园的老师：不少孩子的父母每天很晚才去接他们的孩子，幼儿园的老师不得不在下班之后再等上一段时间。因此，两位经济学家为这个幼儿园的老师出了一个好主意：对晚来的父母罚款。人们可能会想，这肯定会促使父母按时来接孩子，因为来晚了就意味着要付出代价。可事实却完全不是这样。平均来说，父母们接孩子的时间比之前更晚了。他们好像把罚款看成了为额外照顾孩子而支付的一个公平价格，因此，他们之前因给老师们带来不便而产生的愧疚感消失了。就如同献血的情况一样，一旦牵扯到钱，事情就“商业化”了，而不再是社会性的。因此，父母们觉得想多晚就多晚来也是合理的，只要他们为此付钱就行。很奇怪的是，这种改变是不可逆转的。即便幼儿园取消了罚款，父母很晚才来接孩子的现象依然存在。

合作实验

当费尔和他的研究小组通过对实验稍加改变而研究惩罚的效果时，他们获得了完全不一样的结果——与挤出理论非常一致，但不同于他们原来的发现。这一次，他们将惩罚引入了信任博弈，而不是公共利益博弈。信任博弈是这样执行的：实验者给每个玩家一些钱，比如 10 美元。然后，一个玩家（投资人）可以根据自己的意愿拿出一部分钱给另外一个玩家（受托人）。接着，实验者会将这部分钱乘以某个倍数，比如说 3，然后返还给受托人。受托人则可以根据自己的意愿将一部分钱返还给投资人。

很显然，对双方来说最好也最公平的结果是：投资人把 10 美元全部拿出来投资，然后由实验者把 3 倍的投资收益（30 美元）加进来，这样，受托人就总共有 40 美元。接下来，受托人将其中的一半，也就是 20 美元，返还给投资人，以实现平均分享的最大好处。但由于没有任何手段可以迫使受托人返还任何钱，纯粹自利的人就会将 40 美元据为己有。与此同时，由于投资人也知道这一点，除非他是一个容易相信别人的人（或者像我们在第 1 章看到的那样，鼻喷后叶催产素），否则他也不会投资一分钱。体系再次面临崩溃。如果像公共利益博弈一样把惩罚手段加进来，那么，投资人就可以对不讲信用的受托人进行惩罚，这足以促使投资人拿出更多的钱进行投资，同时，受托人也会返还更多的钱。但是，真实的实验结果让费尔和罗肯巴克完全没有想到。

这两位经济学家的做法是，让投资人预先告诉受托人他们希望返还多少钱，如果不按这个数额返还的话，他们就将受到惩罚或者罚款。很显然，这会促使自私的人按照所要求的钱数返还，但最高的返还数与罚金相等。他们应该不会理会任何超过罚金的返还要求，因为在这种情况下，支付罚金更合算。事实上却并非如此。受托人只把很少的钱返还给了以惩罚相威胁的投资人，而把实验所得的大部分留给了自己。他们返还给这些以惩罚相威胁的投资人的钱，还不及那些在实验中没惩罚权力的投资人。

如果投资人特意向他们表示“尽管我有权惩罚你，但不管你返还我多少钱，我都保证不惩罚你”，受托人返还给他们的钱数最多。受托人把最多的钱返还给投资人，是对投资人这种过于公平（hyperfair）的回应。这一结果

> 也是典型的挤出效应。当投资人不仅威胁要严厉惩罚，而且还提出过高的返还要求时，受托人的反抗最为强烈。过分的贪婪将招致最不合作的回应。

为什么以惩罚相威胁在公共利益博弈中很管用，在信任博弈中却不管用了呢？我想，答案在于两者的社会动力机制不同。在信任游戏中，关系是一对一的。以惩罚相威胁，就是你威胁惩罚我。在个人遭受威胁时，我们会觉得对方的行为是对我个人不信任的信号，这时，我们就会被激怒，并拒绝做他们希望我们做的事情。但在公共利益博弈实验中，我们都知道存在一些自私、不道德的玩家，这样一来，惩罚就不是针对我的，而是针对群体里那些不道德的家伙。因此，我并没有被激怒，我做出的反应就会跟人们预想的一样。如果惩罚是由群体应用于群体的话，惩罚就会像群体的标准或行为规范一样，能够发挥出很好的作用，但如果应用于个人之间，就会出现问题。

可即使在公共利益博弈中，自费尔和他的同事开始这项研究工作以来，许多实验中都发现了不少惩罚的负面作用。给人印象最深的，是对不同文化和不同社会进行的差异研究。贝内迪克特·赫尔曼（Benedikt Hermann）、克里斯琴·托尼（Christian Thöni）和西蒙进行的一项研究显示，在公共利益博弈中，与来自波士顿和墨尔本的人相比，来自马斯喀特、阿曼或者雅典的人对惩罚的反应有很大的不同。在遵纪守法方面做得相对较差的社会，或是对逃税、逃票等损害社会的行为持宽容态度的社会里，被试倾向于对惩罚者采取报复行为。在简单游戏中有背叛行为的那些人也会在实验最后以牺牲自己的利益为代价，去惩罚那些合作的人——他们已失去了理性！在严格遵纪守法的社会很少出现背叛，惩罚往往也没有必要，无正当理由的惩罚更是非常罕见。

当然，在现实世界里，我们有很多利用惩罚维持秩序的社会体系，最容易让人想到的就是司法和审判体系。但是，今天美国的政策制定者应该承认，尽管美国的监禁率比其他任何一个国家都要高很多，但美国的犯罪率仍然远远高于那些采用更加温和的公共处罚政策的国家。监禁似乎更像是复仇的象征性行为或某些人眼中得不到回报的种族主义，而不是减少犯罪的有效手段。

合作洞察

除了在意共情、团结、公平和行为规范之外，我们还在意物质回报，至少在某种程度上是这样的。但我们也知道，人的动机是多种多样的，并不是所有人都具有相同的共情或者是社区导向，也不是所有人对公平合理的在意程度都是一样的，更不是所有人对认同的在意程度都相同。我们还知道，不仅这个人与那个人是不同的，即便是同一个人，在不同的境况下，行为也是不同的。同一个人在一种境况下可能是极为合作和慷慨的，但在另一种境况下可能就不是这样了。这通常与外部环境有很大的关系。过去，我们应对所有这些可能相互矛盾的动机的做法是将我们的生活细分成几个不同的领域，如商业、家庭和社会，在这些不同的领域里，我们对自己和他人有着不一样的期望。但这并不理想。在今天这样一个日益复杂的世界里，社会生活领域那些驱动我们行为的动机越来越重要，正是因为有了它们的存在，我们才可以在快速变化的商业环境下创新与成长。我们需要做的是，建立将物质动机和内在动机有机结合在一起的新体系，不管在哪种个人、职业和社会环境条件下。

我们要继续牢记于心的是：人类在很大程度上是一种欲望生物，物质利益会推着我们向前走，有时它的方向与情感需求、社会互动和道德承诺的方向并不一致。我们当中几乎没有特蕾莎修女那样的人。如果我们都是特蕾莎修女，那么，她在加尔各答所做的善事也就没那么感人了。

建立合作体系时，承认人性的这种本质就意味着我们不能完全依赖人的各种动机。我们不应该建立要求每个人都是圣人的体系。减少志愿行为的成本和增加志愿行为的物质奖励及其他奖励，是建立依赖于志愿精神体系的一个重要部分。就网上协作来说，如果我们想增加对等生产的话，将任务模块化就具有决定性意义。换句话说，就是将任务分解得足够小，完成每个小任务都只需很少的时间。如果某个人可以为维基百科、Yelp 或者任何一个网上协作组织做 5 分钟或者更短时长的有用贡献的话，那就意味着全世界成千上万的人可以通过积少成多的方式做成更有意义的大事。对于旧物循环利用来说也是同样的道理，我们前面已经介绍过了。这也是降低合作成本的问题。

为投身此类事业的人解决生计问题，是稳定他们的合作行为的重要方式。这就是为什么非营利行业蓬勃发展的原因。也就是说，基本物质需要得到满足的人有很多很多，但对他们来说，金钱和物质奖励并不等同于核心促进因素。通过采用适当的方式为他们的工作提供资金支持，能够让他们专心致志地开展工作。但是，这些原则并不局限于非市场和非营利行业。

由于知识与创新的重要性日益突出，公司为了生存必须不断地适应和改进，很多公司越来越青睐于多种动机的混合模式。我们看到，今天很多在竞争激烈的市场上运作最成功的公司，正在放弃纯粹的奖励和监督策略，转而发展新的业务流程，让共同目的、行为规范和个人自主在工作中发挥更大的作用。这样一来，它们就增强了员工对组织和组织目标的情感承诺。结果是，我们的工作环境发生了变化，变得不平衡、不完美，但在一些处于领导地位的组织里，这种变化又是显著、积极的。

我们终于明白了：金钱和物质奖励不是万能的，它们与动机和有效行为之间的关系是不明确、复杂的，而不是像两代经济学理论所说的那样。

不要误解我。我的意思并不是说合作会自然产生，也不是说合作体系排斥所有的物质奖励和回报。我的意思是，我们不应该仅仅试图通过提供物质回报对人们进行激励。我们还应该通过让合作成为社会的、自主的、值得做的，甚至是更有趣的——如果我们能做到这一点的话，把社会动机和智力动机利用好。但是，这样做是极富挑战性的。我们必须明白，把钱的因素加进来，无论是作为奖励还是作为惩罚，实际上都可以改变所有动机的总驱动力，导致人们偏离合作的轨道。

THE PENGUIN AND THE LEVIATHAN

How Cooperation Triumphs Over Self-Interest

Part 2

互联时代的合作、共享与创新

第8章
谁先合作谁胜出

市场上表现最佳的公司都有自己的合作体系。信任员工，与供应商共赢，是 NUMMI 公司成功的关键；维基百科的成功则源于维基人的社区感；音乐家和歌迷之间的互信关系也让“自主定价”成为网络唱片发行的成功模式。

1982年，通用汽车公司在加利福尼亚州弗里蒙特的工厂关门了。过去这些年，它一步步走向了衰落，生产率不断下降，劳资关系日趋紧张。平均每天每5个人当中就会有1个人缺勤。结果可想而知：其产品质量水平大大低于通用汽车公司的其他工厂。为了拯救它，通用汽车公司走了一着险棋，与竞争对手丰田公司共同组建了一个合资企业：新联合汽车制造公司（New United Motor Manufacturing, Inc.），简称NUMMI。根据协议，通用汽车公司负责提供生产设施，并销售所生产汽车数量的一半，而丰田公司需要投入1亿美元，更重要的是将全面接管工厂的管理。

1984年12月，工厂在新的管理层领导下重新开始生产。员工构成没什么大变化：99%的装配线工人，3/4的高级技工，几乎都是在原弗里蒙特工厂工作过的联合汽车工会成员。但只用了两年时间，新工厂在生产率方面就远超通用汽车公司的其他任何一家工厂，在美国汽车制造厂的质量评比中名列前茅。秘密进行的员工调查显示：员工工作满意度从 1985 年工厂重新开始生产时的 60% 提升到 20 世纪 90 年代的 90%。可以看出，这种良好效果具有持续性。尽管丰田汽车公司最近发展得并不尽如人意，但从生产率和产品质量方面来看，NUMMI 25 年来一直是美国的顶尖工厂之一。2010 年，它被列为丰田与特斯拉公司开展新协作的工厂，开始开发电动汽车。

NUMMI 的成功还具有更深的含义，远远超出丰田汽车公司的范围。它迫使全美国的组织社会学家和管理学家重新思索长期以来的一个主观猜测：丰田汽车公司和其他日本汽车制造商的做法，是独特的日本文化不可思议的一种延伸，它们具有十分鲜明的日本特色，无人能够复制。不管怎么说，这是美国的汽车工人对与美国工会协商的改变所做出的反应。唯一不同的是，工厂的管理人员不是美国人。我们该怎样解释这样一个令人难以置信、迅速发生的转变呢？答案大体是这样的：丰田生产体系把合作体系的一些成功要素结合进来了。结果是，工厂能够有针对性地利用好内在动机和动力，让工人不仅更具有创新精神和更高的效率，而且对他们的工作和工作环境也更加满意。

NUMMI 工厂的故事就像是现实版的“实验”，这个“实验”告诉我们：表现最佳的企业，或者管理科学中所谓的“高承诺、高绩效”组织，是那些与有效合作体系模型相吻合的公司。实际上，尽管近年来丰田汽车公司存在一些安全和质量控制问题，但NUMMI这个例子清楚地告诉我们，合作体系不仅适用于减少犯罪、维护“龙虾帮”的和平相处等事务，还适用于商业环境。

美国西南航空是另一个突出例子，管理专家迈克尔·比尔（Michael Beer）对此进行了详细的论述。作为一个经常被引用的成功商业故事，西南航空的成功之处在于，通过将成本长期控制在比同行业其他公司都低20%的水平，进而实现了年复一年的盈利。在一个饱受地方病困扰的行业：不计其数的合并与破产、燃料成本上升以及航空旅行减少等，它是怎样做到这一点的呢？我想答案不会出乎你的预料：赋予员工高度自主和情感投入；通过招聘与薪酬体系逐步增强公平感；不折不扣地承诺执行一系列共同遵行的行为规范——最为突出的一条行为规范是顾客服务优先于利润。招聘时，不管是哪个岗位，公司都将关系技能作为最重要的考量因素。

公司一贯重视团队协作，赋予了各个机场的机组人员做出重大决定的自主权，例如改变飞机飞行的目的地；赋予所有员工同样的责任，而不管他们的级别高低，这样一来，飞行员、飞行服务人员和地勤人员就会像伙伴一样协同工作。从社交角度看，他们的这种工作方式在其他公司里是不可思议的。而且，这种对公平的承诺还延伸到了员工薪酬方面。西南航空在所有层面上都实行利润共享模式。总之，就像对该公司进行的业务研究所指出的那样：西南航空关注的是关系，而不是激励。这一点在领导力方面也有所体现，那位传说中的首席执行官赫布·凯莱赫（Herb Kelleher）没有只是把这些价值放在口头上。与公司员工们进行的交谈显示，员工确实能感受到凯莱赫为培养社区感觉所做的努力，例如公司对员工婚礼和生日的祝贺。

依靠合作而兴盛起来的“高承诺、高绩效”组织案例，几乎在每个行业都能找到，比如在20世纪90年代之前一直很优秀的惠普公司、万豪酒店和好市多公司。所有这些组织本质上都是相同的：尽管每家公司所处的行业不同，所面临的挑战和难题也各不相同，但它们都通过采用我在本书中从头至尾都在描述的一系列方法，将发动员工参与并赢得他们对组织的承诺当成最重要的事情。结果如何呢？它们发展得非常好，甚至在竞争最激烈的行业里，也成了最具创新精神和最赚钱的公司。

丰田做对了什么

人们对弗雷蒙特工厂的深入研究，让我们多多少少理解了这类公司大概是什么样的。我们都知道，汽车的大规模生产是一个高度复杂和程式化的过程，不允许出现较大的差错或者做较大的改变。尽管改变的余地不大，但对NUMMI现象进行广泛研究的经济学家和管理专家还是发现，种种迹象表明：丰田管理体系已经彻底改变了弗雷蒙特工厂。第一个同时也是涉及面最广的一个改变，就是给生产线上的员工分配日常工作的方式发生了改变。在通用汽车公司监管的弗雷蒙特工厂，80个工业工程师为每个员工都制定了严格、详细的操作手册，甚至细化到手臂的移动或者按动按钮的动作。他们为员工制定了时间基准，用于监督和度量他们的产出和绩效——就像弗雷德里克·泰勒100年前建议的那样，他当时提出了“科学管理原理”。

在NUMMI，员工中建立了4~6人的协作型团队，每个团队有一个负责人。为了进一步增强团结，这些负责人是从联合汽车工会的成员中选拔的。没有工业工程师对员工指手画脚。他们的每个动作也不是规定好的。每个团队都有权利试验完成工作的不同方法，只要能在规定时间内共同完成一系列需要在他们小组内完成的工作，员工可以采用他们认为最好的方法。

在通用汽车负责管理的时候，每个员工都有一个特定、不变的职责。但在丰田公司的管理下，团队成员轮换工作，公司鼓励员工对整个生产过程有一个全面的认识。由于扩大工人的知识面和工作柔性需要在业务培训时加大投入，与通用汽车管理时相比，员工接受培训的时间增加了6倍（有时占用工作时间，有时利用业余时间）。

另外一个较大的改变是，新的管理层引入了当时人们还从未听说过的“改善”理念：不断改进。丰田汽车公司承担管理工作之后，即便是最底层的装配线工人，也可以提出改善建议并进行试验，如果得到批准，就可以成为标准规程。几年以后，丰田汽车公司引入了“问题解决圈”（problem solving circles），志愿者会在午餐时间进行非正式的头脑风暴会议，午餐由公司提供（千万不要低估免费午餐的力量）。公司鼓励管理者以平等的身份参与，而不是试图主导整个过程，普通参与者可以像团队成员和监督者一样畅所欲言。大家都知道，在当时，这种员工自主性与协作在汽车行业还是极不寻常的，却对体系的运转而言非常有效。通过以美国同行做梦都没想过的方式信任员工，丰田汽车公司将员工的参与度和对公司的信任提升到了前所未有的水平。

两家公司做生意的差别，不仅局限在工厂范围内。通用汽车不仅对员工进行过度控制，在竞标大战中，供应商也是被操控的角色。跟工人和供应商一样，高级管理人员也被看成自利的代理人，他们也要通过数量可观的股票报酬与股东的目标相关联。不论在哪个层次上，通用体系都假定每个人都是自私的，包括一线员工、供应商和首席执行官，他们都试图从公司捞取更大的利益，因此，为了让所有人都向正确的方向前进，控制（“利维坦”）和个人的物质奖励（“看不见的手”）都是必不可少的。但在丰田汽车公司和其他日本汽车制造商采用的方法中，他们将针对一线员工所采用的团队管理方法还扩展到了供应商关系和高管薪酬领域。他们与供应商建立伙伴关系，一起致力于质量改进，他们将与谁的关系更持久作为选择供应商的标准，而不是根据最低价格。

当美国汽车制造商试图复制这些更具信任的关系时，他们在行为上表现得像是对老办法上瘾的人一样，他们确实想建立合作关系，但在涉及一些具体利益时又会改变主意，从而迫使他们的供应商回到竞标的老路上去，失去因短暂合作而在创新方面获得的全部好处。在一个重要的汽车展上，一家领先的汽车配件供应商说，美国公司要好好想一想，同为底特律美国工厂的供应商和竞争对手美国工厂的供应商，为什么谁对他们好，他们就为谁拼命呢？里克·瓦戈纳（Rick Wagoner）当时是通用汽车公司的首席执行官，据说他当时还在反驳道："停止抱怨！"

关于人类动机的假设直接关系到公司如何处理高管薪酬。在通用汽车公司，人们认为如果不进行适当的监督，懒惰的工人将会松懈；在激烈的竞标过程中，贪心的供应商只会为出价最高的公司提供最好的产品。基于同样的想法，人们假定：只有高管的动机与股东的动机一致，他们才会为公司着想。但是在丰田汽车公司以及本田或者其他日本汽车制造商那里，跟合作的工人和供应商一样，高管的积极性也是通过内在奖赏和物质奖励来调动的。因此，他们并不需要巨额的工资（按照对公平动力学的理解，我们估计，在由合作驱动的公司里，高管与员工的工资差别较小）。在通用汽车公司，首席执行官的年薪相当于装配工人年薪的200倍；而在丰田汽车公司，首席执行官年薪倍数仅相当于美国同行的1/10。例如，2006年，时任通用汽车公司首席执行官的瓦戈纳的年薪比本田公司21个高管工资的总和还要多，相当于丰田汽车公司同等职位高管年薪的15倍。但这一差别并不是基于绩效的。

最终的结果现在已广为人知。通用汽车公司需要由美国政府来提供救助，而丰田汽车公司尽管也存在一些困扰，但已经成为世界上最大的汽车制造商。当然，对于丰田汽车公司来说，成长为巨人的过程中也不是没有挑战的。

2010年对丰田汽车公司来说是不平静的一年，负面消息不断见诸报端，特别是汽车质量问题。但瑕不掩瑜。几十年来，丰田汽车公司的优良管理体系获得了可喜的成果。汽车质量可靠又不失创新，工人心情愉快工作又高效。供应商兢兢业业，为丰田汽车公司供应高质量的汽配产品，因为他们知道，交易是公平的，价格也公道。我们有理由相信，丰田汽车公司一定会找出自己做得不好的地方，进一步改善经营管理，成就其新的、更大的事业。退一步说，即便做不到这一点，过去30年来，相对于丰田汽车公司来说，能更好地展现出结构优良的协作型企业巨大威力的公司屈指可数。

在管理科学领域，主张控制和激励相容业务模型的人，与提倡道格拉斯·麦格雷戈（Douglas McGregor）50年前称之为“企业的人性面”（human side of enterprise）的人之间，一直存有争议。丰田汽车公司、西南航空公司等代表后者观点的公司获得了如此大的成功，以至于我们对下面的事实不必有丝毫怀疑：任何企业的成功都不是通过僵化的公司层级结构或者丰厚的首席执行官薪酬获得的，而是必须努力建立包容、社会化、协作的工作环境，因为在这样的环境下，人们的行为是受内在动机驱动的。

合作洞察

随着世界不断变平，沟通障碍日趋消失，越来越多的公司开始采用协作型策略。在全球经济中，你永远不会知道世界上哪个地方的哪个人会提出一个新的、更好的方法，来做你正在做的事。就像约翰·哈格尔和约翰·西利所说的那样，快速创新是“唯一可持续的竞争优势”。在争夺榜首的比赛中，那些没能摆脱公司层级结构束缚、没有利用好来自所有员工贡献的公司，必败无疑。最成功的公司懂得，创新可以发生在任何地方。不局限于高管的会议室，或者研发实验室，而是任何一个地方，如生产车间、电话销售工作台和机场的柏油路面。

这些公司还知道，如果公司把员工看成没有思维能力的机器人的话，可持续的学习和创新就不会在这里发生。这种事情只会出现在这样的公司里：它们乐于接受来自所有员工的各种不同的深刻见解、技艺和才能。只有弄明白该如何从内心调动员工的积极性，以及如何让他们像参与具有共同利益和共同目的社区一样参与到企业中来，组织才能健康成长。我们每天的所学都在说明，要想做到这一点，组织中自上而下的所有人都必须是有人性、由价值驱动、追求公平、信赖他人的和值得他人信赖的。

维基百科 VS《不列颠百科全书》

今天的公司和非营利组织，不仅可以利用组织内部人员的集体智慧、思想和贡献，还可以受益于组织之外的人，这一切，都要归功于互联网。就拿维基百科来说吧，它所编辑整理的是人类文化中包罗万象的信息与知识，这是一件非常了不起的事情。

维基百科无处不在。作者和新闻记者会通过维基百科查找各种各样的资料。谷歌则会将维基百科文章列在搜索结果的首位。教师通常不允许学生在论文中引用维基百科上的内容，但学生们经常会将其作为搜索新主题时的切入点。那么，它是怎样风靡全球的呢？我们先把维基百科与《不列颠百科全书》（*Encyclopedia Britannica*）和微软的电子百科全书“Encarta”做一个对比。《不列颠百科全书》的网站上说：“当你走进书架上摆着《不列颠百科全书》的房间时，你就会意识到，你到了一个‘学习受到尊敬’的地方。”它以拥有如下编委会为荣：诺贝尔奖获得者和普利策奖获得者、杰出的学者、作家、艺术家、公务员以及各领域最具影响力的活动家。简言之，它代表精英知识。正因为如此，多少年来，《不列颠百科全书》一直以多卷本、皮封面的形式进行销售，价格高达数千美元。你必须承认，这是一个相当不错的商业模式。

再来说说 Encarta。微软是为了开拓百科全书市场才推出 Encarta 的。与《不列颠百科全书》一样，Encarta 也采用知识创作者与知识使用者完全分离的做法，并且也会聘用一些需支付报酬的专家，尽管这些专家的来头要稍逊于《不列颠百科全书》。然后，微软会将这一软件与其他软件进行绑定，这样一来，Encarta 的使用和查询就变得很方便了。实际上，微软开发的就是大众版的百科全书。Encarta 相对于《不列颠百科全书》，就如同沃尔玛大众餐具相对于韦奇伍德（Wedgwood）高档陶瓷餐具。可是，两家公司很快就发现自己正在与另外一种商业模式竞争。这种商业模式在 10 年前还不存在，看上去也非常不合常理，从理论上说它甚至根本无法存在。几年前我们就是这样认为的。目前为止，《不列颠百科全书》仍在迎战，主要是因为它的权威性并不是维基百科所能比拟的。但它也不得不大幅降低价格。一套皮封面的《不列颠百科全书》的价格现在已降为149.99美元，网络版的年订阅费是69.99美元。而微软则于2009年停止了Encarta业务。毫无疑问，迫使它退出市场的就是维基百科。

维基百科是免费的。众多信息资源都靠广告支持，并供大家免费使用，这很不寻常。在美国，广播和电视过去一直都是免费的，而现在，绝大多数网上信息也都是免费的。比“用户免费使用”更让人感到不可思议的是：维基百科与广播和电视不同，它的内容生成也不用花一分钱。维基百科的内容是由志愿者生成的，他们所进行的创作和编辑工作不求报酬，只为了创作本身的快乐和“维基人”社区的友情，以及基于本书一直在探究的所有原因。他们共同创作和编辑的成果是一个过程，而不是一个产品。随着时间的流逝，这种协作会逐渐趋于自我完善，尽管完善的过程未必完美无瑕。

2001年2月，当吉米·威尔士提出“建立一个完全靠志愿者贡献的平台”这个疯狂的点子时，如果有谁敢预测说，将来某一天这个平台会赶上或者超过神圣的《不列颠百科全书》，他一定会被嘲笑。评论家说，与《不列颠百科全书》及其他百科全书相比，维基百科既不准确又不权威。事实上，孩子们在学校里被告知，不要利用维基百科做研究，但学者们（有时也包括我的同事）却经常这样说：“当我想给本科生或研究生提供一些手边就有的关于某个基本概念的参考资料时，我就将它们发到维基百科上，真方便！”争议双方各有各的理，那么，人们对维基百科的不信任是有道理的呢，还是仅仅出于对这种新知识来源的担心呢？对于这个问题，我们很难给出答案。为解决这一争议所获得的最有说服力的证据，来自人们针对2005年《自然》杂志上的一篇文章所做的实验。

合作实验

《自然》杂志的员工把来自《不列颠百科全书》上的文章和维基百科上的文章抹去来源痕迹后，交给一组最优秀的科学家，并请这些科学家对文章的内容进行评价。实际结果是，这些科学家们认为这些文章都有瑕疵，但瑕疵数量大体相当。

《不列颠百科全书》的员工试图质疑这一研究和研究方法，但这些尝试大多都以失败告终。实际上，对我们来说，维基百科与《不列颠百科全书》谁好谁差，或者一样好，并不重要。我们最感兴趣的是，完全依靠志愿者贡献和协作的一个产品或平台，是否真的能够获得成功。毫无疑问，与10年前相比，成功的概率更大了一些。

为什么开源软件发展得这么好

通过互联网把每个人的知识都利用起来，我们就可以做成令人惊奇的事情，维基百科是最显而易见的例子。而这只是成千上万个例子中的一个。跟维基百科一样，自由和开源软件也是开放协作文化如何生成海量信息的一个例子。自由和开源软件很容易让人联想到极客（geeks）和黑客，但实际上，当你访问谷歌、亚马逊、Facebook 或者《华尔街日报》网络版时，你就在使用自由软件或者开源软件，因为这些网站大多采用的 GNU/Linux 操作系统、阿帕奇网络服务器软件，或者同时采用这两种软件。

理查德·斯托尔曼（Richard Stallman）是自由软件的奠基人，他说，自由软件中的自由不是“免费啤酒”中的“免费”，而是“言论自由”中的“自由”。也就是说，自由软件是任何人都可以编写、改写及使用的软件。20 世纪 80 年代，当斯托尔曼引入这一概念的时候，它看起来和听起来都像是一个“嬉皮士遗少”（hippie holdover）。软件应该成为公共资源，对所有人开放，这是这一概念的核心。

为了做到这一点，人们可以开发软件，然后给每个人授予许可，在许可条件下，每个人都可以根据自己的意愿进行复制、分发，甚至销售，而无需对原开发者承担任何义务。被许可人甚至可以对软件进行改进并分发改进后的软件，只要他们对自己改进的软件所授予的许可也是基于相同的开放条款。这一体系有互惠要求，并鼓励持久性的改进。“我免费把我的贡献给予你，你也必须分享你的贡献，不只是分享给我，而是分享给世界上任何一个会用到我们的联创成果的人”。斯托尔曼完全不反对销售自由软件，前提是不打破互惠循环。

过去的20多年间，黑客（在软件开发者圈内，对那些善于写软件的“酷哥”的称谓，请不要与“骇客”混为一谈，后者是不良分子，但大多数人都将他们误认为“黑客”）辛辛苦苦写出的成千上万条程序，都是基于这一模式。莱纳斯·托瓦兹（Linus Torvalds）于1991年开始采用这一模式开发操作系统的内核，他当时还是个芬兰籍学生。莱纳斯将这个操作系统命名为Linux。1995年，布赖恩·贝伦多夫（Brian Behlendorf）开始将大学开发的Web服务器软件的贡献（称为“补丁”）集成到一起，并命名为“阿帕奇”（Apache，意指“一个打满补丁的”）服务器。

阿帕奇是大多数Web服务器的主要软件，包括世界上要求最苛刻的电子商务网站。很显然，它们有它们存在的理由。到了1998年，有兴趣将自由软件“标准化”（normalizing）并进一步推动自由软件向主流迈进的软件开发者越来越多。他们创造了一个新名词：开源软件。1998年年底，Linux的内核已经非常流行了，似乎只有它能够形成对微软在操作系统垄断方面的真正挑战。事实的确如此。1998年万圣节前夕，微软公司泄露出去的一份备忘录证实，甚至连微软也将Linux视为一个真正的挑战。也许微软公司的人真的这么认为，也许这只不过是个公关计谋，目的是说服负责反垄断诉讼案的法官：“雷蒙德老大”（Redmond Giant）实际上并没有垄断。但人们现在正在实施的一个行动，就是说服企业选择Linux而不是微软。突然之间，开源软件不再被视为一时的狂热，而是一种有效、可靠的软件开发方式。

到了1999年，在一个已经过热的市场上，红帽公司（Red Hat）打造了一次更热的首次公开发行，采用的商业模式就是销售包装精美、保护良好的GNU/Linux拷贝。2000年，IBM宣称已向自由软件投入了10亿美元。到2003年，IBM从销售与Linux相关的服务中所赚的钱，已经超过了它在所有专利使用权上所获得的收入——尽管IBM是美国最大的专利持有者。为什么会这样呢？这其实很好理解。需要改善其内部运作效率的公司都会去找IBM。

为了达到这一目的，公司要整合很多种系统，监督其运转情况，收集和处理数据，管理通信，等等。这就需要软件，但每个公司的情况千差万别，通用型软件往往不太理想。要是有一种能将一系列现成的软件进行组合与匹配，生成一个客户化套装软件的方法，那该有多好啊。为了做到这一点，人们必须卖掉硬件，编写定制软件，并将其组合在一起——所有这些服务，都是IBM希望提供的。而且更为有利的是，如果做整合工作的工程师熟悉这个软件，他们就可以按自己的意愿对软件进行调整，以满足不同客户的需要，那不更好吗？

正是因为这样，像GNU/Linux这样的操作系统才有了机会。由于开源软件开发者对软件有深入、全面的了解，而IBM的工程师能够与成千上万这样的开发者开展协作，因此，他们就能用很短的时间整合成不错的套装软件。由于自由软件的许可协议是开放的，所以工程师就有权根据客户的需要对软件进行适当的修改。而且，由于客户不是单单在购买 Microsoft Office 这样的软件产品，而是软件服务，所以 IBM 就可以根据服务的价值为其提供的服务定价，而不只是仅考虑一款软件的价格。对于 IBM 来说，这是一项不同寻常的业务。实际上，在软件行业的年收入中，软件服务的占比超过 2/3，另外不到 1/3 的收入来源于纯软件产品的销售或者软件下载。这就是说，通过利用开放社区的贡献，软件公司可以建立稳定、盈利的商业模式。而开放社区里的这些成员，差不多有一半的人不会从他们的贡献中挣到一分钱。

当然，采取这种做法需要有敏锐的反应能力。如果某个公司只向社区索取，而不尽应尽的义务，或者说不考虑社区动力机制，那么，它与社区的关系终将破裂，体系就会垮掉。与公司外部的开发者社区保持一种完善、相互支持的关系，对于依赖志愿者社区资源开展业务的公司来说，绝对是至关重要的。Kaltura 是一家开源视频编辑和多路存取软件公司（后来成为一些大学以及环球音乐、索尼音乐的视频内容管理平台），它做得更激进一些，公司聘用了一位“C 级”高管——CFO 或者 COO，监督社区发展。透明、真诚地协作，不向社区索取太多，这不是可有可无，而是必不可少的。

受 IBM 和红帽公司成功的影响，很多其他企业也开始使用开源软件，在 20 世纪的前 10 年，直接或间接获取报酬的自由软件开发者比例增加到 50% 左右，其余仍为志愿者。我们在第 7 章已经介绍过，这一体系仍在有效地运转着。那些没有报酬的开发者并没有因此而抱怨，他们为工作付出的努力一点也不逊于那些有报酬的开发者。有报酬贡献与无报酬贡献相结合的做法，以及开放、互惠的许可方式，已成为其他发展动向的样板。最明显的例子就是知识共享许可证（creative commons license），它现在已经覆盖了人们为了彼此的快乐和好处而贡献的数百万网上成果。

10 多年来，如何判断人们创造出来并在网上与大家分享的一切内容的价值，已成为企业面对的最大挑战之一。就在不久以前，面对通过电视和报纸等传统媒体进行传递的信息，“观众”还处于被动接受的地位，而评估信息价值的标准，则是信息能给做广告的人带来多少“关注度”。即便在互联网的发展初期，很多内容也是按这种模式进行价值评估的（有些内容今天仍在采用这种评估方法，尽管并不十分准确）。但是，如果“观众”不再是被动的，而创造内容的人就是关注者，那会怎么样呢？“过去被称为‘观众’的那些人”（杰·罗森 [Jay Rosen] 的说法）具备了创造能力，并具有彼此分享成果、知识、见解等的内在动机，那么，为什么不搭建个平台呢？对于“精英”创造者——职业作家、新闻记者、摄影师等来说，这是难以接受的事情。但不可否认，由不付报酬的“业余爱好者”创造出来的内容也是有价值的。YouTube 的巨大成功，也许就是最好的例证。

YouTube 上的视频内容应有尽有：可笑的宿舍恶作剧、跳舞的熊猫、轻音乐视频，等等。可每天将视频传到 YouTube 上的数以百万计的人，并没有因为他们的贡献而赚到一分钱。关键在于，人们制作这些视频并不是为了赚钱，他们这样做是为了记录曾经有过的生活，分享个人经历，或者仅是为了逗人一乐。谷歌是一家靠网络广告支撑的公司，它看好视频网站的发展前景，以 16.5 亿美元的价格收购了 YouTube。事情越来越清楚了，价值不在于专业人士的成果，而在于“过去被我们称为‘观众’的那些人”对彼此创造内容的关注。

一旦人们不仅将网络作为创造个人内容的平台，而且还不图回报地把他们的成果、知识和资源分享给大家，那么，他们的创造力就无可限量。例如，有数以万计的人会花费数百小时甚至数千小时的时间，利用飞行模拟器驾驶虚拟飞机，并在网上协调控制他们的飞行，以便用真实的航线、真实的时间表模拟真实的航空公司（只要在网上搜索“虚拟航空公司”，你就明白我的意思了）。

关于开源软件或者大众生产模式的一个更有意义的例子，是关于“同病相怜”（PatientsLikeMe）这样的网站。这个网站将与同种疾病抗争的人聚集在了一起，网站上发生的一些事情为患者提供了巨大的精神支持。更重要的是，把有关症状、副作用、新治疗方法、科研突破等的观察和信息共享出来，能够帮助同病相怜的患者，有时候甚至还能帮助医生更好地治疗和控制他们的病情。Lybba 是电影制片人杰西·迪伦（Jesse Dylan，鲍勃·迪伦的儿子）开发的一个社交网络平台，它甚至可以通过可靠的隐私和数据保护，让人们能够真正共享自己的医疗数据，供人们查询和用于医学研究。

就连美国军方也已经开始赶“开源”这个时髦。通过“连长与排长”（Company Command and Platoon Leader）平台，军官们突破了传统等级制度的限制，平等地分享经验、方法和策略。美国情报界也发布了情报百科（Intellipedia），相当于一个供 3 万名情报部门工作人员使用的内部维基。总的来说，美国军方逐渐加强了对网络中心战（network-centric warfare）的试验，这是给予军官自主权并鼓励多部队协同作战的一种方法，与“远方的将军怎么说，顺从的士兵就怎么做”的景象相去甚远。

歌迷自愿为下载音乐埋单

过去 10 多年间，唱片业是在与“看得见的手”的较量中，通过“合作”取得完胜的为数不多的行业之一。数字音乐的出现对这个行业来说，意味着希望与挑战并存。希望之所在，是这个世界将成为法律学者保罗·戈斯汀（Paul Goldstein）所说的“数字点播机”，不管你在哪里，不论你是谁，只要你付钱，你就可以听任何想听的音乐，不论你什么时候听歌，人家都要向你收费。这预示着，音乐录制行业将有大把大把的钱可赚。

另一方面，数字音乐带来的挑战在于这个新世界将变成一个巨大的盗版机器，人们可以完美地复制和传播音乐，而没人肯花一分钱。很显然，作为美国音乐行业的游说组织，美国唱片业协会清楚地知道它想要什么样的世界。因此，在 20 世纪 90 年代初期，该协会制订了一个经典的利维坦战略，使用法律和技术手段控制音乐的分发和点播，以防止非法复制。

美国唱片业协会成功地说服立法部门制定了严厉的法律惩罚侵权，即便是简单的文件共享，也要接受与过去大规模商业性盗版行为一样的处罚。其中有一部名为《数字千禧年版权法》(*Digital Millennium Copyright Act*)的新法律规定，不但复制加密、受版权保护的内容是违法的，研究或分发有助于消费者破解的任何技术也是违法的。看上去，唱片业有了新的技术壁垒，又有将破解新技术壁垒定为违法的法律（因为想复制，甚至合法复制的用户也是违反新法的），几乎实现了对音乐的全面控制。

但从文化的角度看，这个法律带来了事与愿违的结果。当唱片业认为它找到了控制盗版音乐的办法时，这一方法的施行却反而损害了音乐的价值。把歌迷当成吃白食的人或者小偷来看待，根本不会开创出一个“数字点播机”时代。实际上，这只会让人们比过去更抗拒为音乐付费。

Napster 是 1999—2000 年投入运营的第一家规模较大的点对点文件共享网络平台。进入 Napster，你会发现孩子们都在上传、共享音乐。盗版成为一种很酷的行为，破解加密软件就更酷了。在这里，黑客被人们视为文化英雄——向专横的、既损害音乐人利益又损害歌迷利益的唱片业开战的斗士。面对日益严重的盗版行为，这个行业都做了什么呢？它加大了惩罚力度，接二连三地向音乐共享网站创建者、软件开发者，甚至是共享文件的歌迷提起诉讼。在一个广为人知的案件中，它将法律武器瞄准了一个 20 岁的小姑娘。

在接下来的 10 多年里，歌迷和唱片业之间的斗争陷入僵局。唱片业每成功关闭 1 家音乐共享网站，就会有两家新的网站冒出来，于是，歌迷们继续在网上共享音乐，而从不为此花一分钱。调查显示，在这10年中的大部分时间里，上网者的文件共享行为大体保持在25%~30%的水平上。当然，随着iTunes和其他网上音乐商店的出现，为网上音乐付费的人群也在扩大。但事实表明，文件共享未减反增。2009年，有分析家声称，大约95%的网上音乐下载仍是非法的。简言之，在过去的10多年里，有iTunes也罢，没iTunes也罢，唱片业的收入还是缩水了30%。

很显然，“利维坦”战略失败了。因此，在21世纪前10年的末期，一些艺术家们开始试验新的战略（至少相对于这个行业的“诉讼案件”来说），既不是设立技术壁垒，也不是跟谁打官司，而是利用歌迷的合作动机。这些艺术家们不再认为让人们为音乐付费的唯一途径就是监督与执法。他们认为，真正的歌迷肯定愿意回报那些给他们带来美好享受的艺术家，因为他们具有内在动机。下面这个例子，也许大家都听说过。

> 2007年，英国摇滚乐队“电台司令”专门在网上发行了一张唱片《彩虹里》（*In Rainbows*），人们可以自己选择为下载这张唱片付多少钱。文件没有加密，对这张唱片的下载也没有任何限制，支付几个美分就可下载，并可分发上万个完美的拷贝。
>
> 可是，人们并没有这样做。这个乐队没有通过数字告诉大家这个实验有多么成功，但是据市场调研公司估计，在所有的下载用户当中，支付5~15美元的人占到2/3。考虑到整个行业里有95%的文件是非法下载的，即便人们合法地购买唱片，在传统商业模式下，每卖出一张唱片，在乐观情况下艺术家们也仅能赚到1.7美元，更现实的收入是66美分，因此，艺术家们在合作、“自主定价”模式下的收入肯定会更

丰厚一些。“九寸钉”乐队的特伦特·雷诺（Trent Reznor）在网上发行新唱片《鬼魂四部曲》（*Ghosts I-IV*）时给歌迷们提供了两个选择：免费的普通版下载和付费的高音质版，结果，他在唱片发行一周后报告说，歌迷们支付给他的费用达到了 160 万美元。

当你开始思考这个模式与本书一直在讨论的合作模式有多少共同之处时，这些歌迷的行为能告诉我们很多。首先，这个模式中存在信任要素，即取消加密和将支付选择完全建立在“荣誉制度”（honor system）上。其次，这个模式中存在沟通要素。歌迷直接从这些艺术家的网站上下载音乐，而不是从第三方网站下载。最后，这个模式中存在强烈的社区感和互惠感。艺术家们鼓励歌迷参与进来并进行互动，甚至就音乐本身进行互动。例如，雷诺甚至允许歌迷们对他的音乐进行混音和制作视频。交易被描述为“合作的”而不是“基于市场的”。这些网站明确地表示希望歌迷支付费用，但没有警报系统的干预或“指责”。

你可能会想，“电台司令”和“九寸钉”的那些人都是大腕，歌迷们当然愿意为他们的音乐花钱了。但事实证明，即便面对那些不怎么有名的歌手，人们也会表现出公平与合作的行为。在关于“自主定价”的一个研究项目中，我的同事利亚·贝尔斯伦、拜伦·卡尔和马克斯·博克尔哈默和我特意避开了大腕，将关注点放在了被一些艺术家称为“新中产阶层”的那些艺术家身上。这些人还没有到赚大钱，他们只是想多积累一些歌迷，以帮助他们成长为专业、全职的音乐家。

合作实验

我们选择了简·西伯瑞（Jane Siberry）和乔纳森·库尔顿（Jonathan Coulton）这两位艺术家和一家小型唱片公司 Magnatune，它们都采用这种直接的“自主定价”模式。我们对其 3~5 年内的所有交易数据进行了分析。不论是哪一个案例，歌迷们都可以下载未加密、可采用各种完美格式复制的音乐。这些音乐也通过知识共享协议进行版权管理，这就意味着，人们可对其进行合法复制与分发，这与大型唱片公司一直在追求的利维坦策略简直有着天壤之别。

但是，交易并不是这些网站上被描述为合作的唯一内容。例如，为了吸引歌迷，库尔顿将其网站建成了一个歌迷们不仅可以下载他的作品，还可以相互分享和欣赏的地方。他不但允许还率先发起与歌迷的对话，并让歌迷汇总之后告诉他，他们将来会在哪里，这样，他就可以安排一个前往当地演出的计划。简言之，他创造了一种共情、互惠、互相尊重和信任的文化。

库尔顿这样做的作用确实很大。正像我在第 6 章曾简单提到的那样，我们的研究结果显示，尽管 5 美元是网站可以接受的最低支付，但有 48% 的歌迷在 5 年时间里为每张唱片支付了 8 美元。实际上，只有 16% 的用户选择 5 美元的最低支付，而 17% 的用户实际上支付了 10 美元或者 12 美元！库尔顿发布一张唱片的收入简直多得不得了，如果在传统模式下，他每年必须在 iTunes 上卖出成千上万首单曲，才能赚到现在的收入。

即便在唱片业这样一个混乱、偏爱“利维坦”的行业，合作也能获得成功。这一切，都要归功于艺术家和歌迷之间建立的长期稳定关系：艺术家创作音乐，并相信他们的歌迷会为这些音乐掏腰包；忠实的歌迷为这些给他们带来美妙音乐的艺术家支付报酬。

奥巴马的竞选活动

我们先把商业领域的事情放一放，再跟大家讲一个政治领域的故事。这个故事将告诉我们，大规模协作怎样让已广为人知的竞选活动产生了神奇的效果，并最终帮助巴拉克·奥巴马当选美国总统。竞选开始时，在民主党总统候选人提名争夺战中，奥巴马远远落后于他的竞争对手希拉里·克林顿。民主党内的当权者多支持希拉里，不计其数的人为她捐款，她有很高的知名度。没错，我们承认奥巴马有独特的魅力和杰出的政治才能，但在这个时候，即便不考虑他的种族因素，也没有人相信这足以让他获得提名。对于奥巴马成功背后的奥秘，很多书籍和文章都进行了剖析、讨论，有些人还发表了独特的见解。尽管说法不一，但大家一致认为：如果不是采用了设计巧妙的竞选策略，结果肯定会不一样。正是通过这种方式，奥巴马的竞选活动在各地和网上激发了大规模的协作行为，更不用说捐款了。

在奥巴马的竞选活动中，为数不多、有报酬的现场组织者负责招募当地的志愿者，让每个志愿者选择一种任务，比如搜集地方支持者名单，或者组织社区活动等。那些对多承担一些责任表现出热情和希望的人，马上就被请来担任“地区团队负责人”，负责组织当地的竞选活动。没有人给他们下达任何关于“该怎么做”的指令，只是要求他们创造性地思考：怎样才能更好地把那一特定社区人们的积极性调动起来，因为在阿肯色州小石城能激发选民的行动，在纽约市的东村未必有效，反之亦然。

地区负责人会再招募其他志愿者做一些更为具体、细致的工作，例如电话拉票和上门拉票等。每个志愿者也会再招募更多的志愿者。总计有 300 万人自愿把他们的时间贡献出来，上街募捐，组织当地活动，打电话劝说未拿定主义的投票者，或者催促投票者参加投票等。组织者的格言“尊重、授权、包容”并不是一句空话，每个志愿者的贡献可能微不足道，但确实在发挥着应有的作用。

这种热情、承诺和参与感，不但让志愿者充满活力，而且也带动了为竞选活动捐款的人。就像我们在第 1 章看到的那样，投票行为很难用“人是自私的”这一理论来解释，因为在一个拥有数百万张选票的国家，仅仅一张选票的影响太微不足道了，即便是最小的投票成本也要大于收益。为竞选活动捐出一点儿钱，也是同样的道理。就全国大选来说，即便是最小的捐献成本，也要比这一捐献所能造成的任何可能的差异要大。可是，奥巴马收到的捐款有半数都接近 200 美元——相对于最终的 5 亿多美元的捐款总额来说，只不过是九牛一毛。这些小额捐款在初选阶段发挥着特别重要的作用。在那时，很多传统、有实力的民主党捐款人是支持希拉里·克林顿的。这就是说，通过自己的人格魅力，或者说通过唤起美国人对变革的强烈愿望，奥巴马成功地动员了 300 万人为其慷慨解囊，因为这些人相信这样做是值得的。

从历史上看，利用网络力量扩大竞选活动的社会和政治影响并不是奥巴马的首创，但奥巴马这一次做得确实漂亮。在 2004 年的大选中，霍华德·迪安（Howard Dean）就利用电子邮件和论坛将投票人组织在一起。甚至在更早些时候，MoveOn.org 仅靠电子邮件就成功进行了很多政治动员。到了 2006 年，左翼政治博客世界已发展成熟，基本可以发挥党报的作用了：动员群众、适度执行党的纪律、为候选人提供信息、协调积极分子的活动，等等。可以这样说，直到 2006 年的国会竞选活动，网络上的草根行动才开始真正对政治产生深远的影响。仅仅在奥巴马开始竞选活动的一年之后（尽管一年就如同网络世界的一个时代），社交网络就得到迅速普及，曾被认为是浪费时间和金钱的在线策略很快就成为不可或缺的组成部分。事实证明，社交网络，特别是 Facebook，是奥巴马竞选成功的重要工具。

克里斯·休斯（Chris Hughes）是 Facebook 的联合创始人，也是社交网络的弄潮儿。他出主意设立的网站 MyBarackObama.com ，就如同 Facebook 一样，可以帮助奥巴马的支持者们建立个人基本信息、发帖、回帖、发布信息和组织线下活动（无需竞选活动工作人员的指示），以及组织他们自己的迷你竞选活动，如设立目标，动员朋友和家人捐款，告诉大家他们的个人筹款目标。这个网站运转得非常成功。截至竞选活动结束，已有遍布 50 个州的200多万用户，共发布了20多万条竞选活动信息。通过私人性质的竞选活动，将新捐款人与他们能看到其基本信息的当前捐款人相匹配等颇具新意的方法，这个网站让人们的互动更具有私人性质，有助于让用户觉得他们好像真的跟一个更大的群体建立了连接关系。奥巴马网上筹款活动的巨大成功，很大程度上要归功于这个网站。

到现在为止，关于Facebook怎样帮助奥巴马赢得了大选的台前幕后故事早已家喻户晓。但还有些事情很少有人知道。大约在2002年，政治博客圈已发展成为信息与政治评论的合法来源。更鲜为人知的还有不同政治派别在利用博客圈上的差异。

合作实验

在一项研究中，我和阿伦·肖对155个政治博客进行了分析。研究结果显示，从邀请和准许参与的评论、辩论和讨论的数量来看，左翼和右翼博客的差别相当大。像Daily Kos这样的左翼博客，采用了准许多作者的技术（软件系统的叫法是Scoop、Drupal、SoapBlox和ExpressionEngine），并且安装了允许任何用户发布评论的插件（例如普通平台的WordPress或者Blogger）。但像Instapundit这样的右翼博客，通常只有一个人进行内容创作和管理，除了一群选定的作者之外，很少接受外人的贡献。结果是，右翼博客成了当前讨论的一个增强平台，访问者的地位相对被动；而左翼博客真正成了辩论、讨论与合作的平台。

这不是一种无关紧要的差别，它对显现于2006年中期选举的2008年的选举格局造成了实实在在的影响。民主党内的重要人物认为有些候选人太边缘化了，以至于无法对他们进行有效的支持，甚至向参议院和保险席位的代表施压，要求他们将自己筹措的资金转给无足轻重的竞争者。这时，左翼最有看头的博客Daily Kos成为改善民主党候选人知名度、筹款和投票的重要力量。实际上，这是在证明：对于那些既没有丰厚资金、也没有竞选领先者提携的不知名候选人来说，赛场也是敞开的，奥巴马就是最好的例子。

奥巴马竞选活动最出色的地方，就是将两个完全独立的社区——现场社区组织者和左翼博主（left-wing bloggers）整合成政治活动家、志愿者和捐款人一体的单一网络。对现场社区组织者来说，通过建立人与人之间的连接关系和增强人们的社区感以达到激发人们捐款的目的，相对来说比较容易。当地的志愿者彼此之间有很多见面的机会。仅因为他们是来自同一地域、想法一致的一群人，并且对相同的事情和实现相同的目标充满热情，他们就会感受到一种自然的团结感。

在全国各地成千上万陌生人组成的巨型网络上，MyBarackObama.com网站的成功复制是最了不起的事情。这个网站成功的一个重要因素就是赋予人们很大的自主性：他们想招募哪些志愿者就招募哪些志愿者，他们可以根据自己的想法组织竞选活动，等等。这种方法明显不同于政治顾问长期以来一直采纳的标准模式，但实际效果非常好，他们招募了好几百万的志愿者。

我们可以得出这样的结论：奥巴马竞选活动与政治竞选活动策略之间的关系，就如同丰田汽车公司与汽车工业之间的关系，或是维基百科和开源软件与信息产业之间的关系。这个例子清楚地告诉我们：如果我们不再将自利看成人类行为唯一的动机，而是认为驱动人类行为的动机丰富而复杂的话，我们的能量将会多么巨大！

THE PENGUIN AND THE LEVIATHAN

How Cooperation Triumphs Over Self-Interest

结 语

如何获取合作的红利

合作是人的天性，尽管并不是任何人在任何时候都能做到这一点。只要充分、灵活地利用好实现合作的 7 大关键要素，我们就能够激励人们在合作体系下为共同目标而努力。

事实证明，“如果你想建立一个人与人之间慷慨大度、无私合作、为共同利益而努力的社会，那你就不要指望生物学特性帮上什么忙”这种说法是错误的。实际上，人类要比过去我们所认为的复杂得多，这一切都是大自然的杰作。在过去的20年里，为了解释自然合作现象，进化生物学已提出了很多不断改进的模型：简单直接互惠、直接互惠、网络与隶属关系、群体选择或多级选择，等等。事实证明，当我们与他人合作时，我们大脑的激活模式是不一样的。

对于很多人来说，合作会让我们感到愉快。我们可以相信他人并付诸行动，也可以表现出值得他人信赖的行为。当然，并不是所有人都能做到这一点，也不是在任何时候人们都能做到这一点。但是，在解决大规模、复杂的人类合作问题上，比如管理公司、编纂百科全书、组织政治竞选活动等，人类在相互信任方面确实比过去有很大的进步。今天，我们已经做好了应用这些经验教训的准备：把它们应用到我们生活、工作和娱乐体系中。

合作洞察

人类不是天使，也不是愚昧、自利的机器人。完全建立在“看不见的手”或“利维坦”基础上的“机器人”模型，让我们在“我们是什么样的人”这个问题上犯了错误。我们有多种多样的需求、目标和动机。每个人都关心物质利益，至少在某些时候和某种程度上是这样的。但我们中的很多人对自利的关心，并没有达到全然不顾其他事情的地步。人类的动机是多种多样的。对于某些需求和目标，有些人会比另外一些人更在意。随着时间的流逝，我们在意的需求或目标有时也会发生变化。

在不同境况下，我们对不同事物的在意程度也不同。我们在意他人及我们与他们的关系，我们在意哪些事情是正确、公平和正常的。人类就是这样，人与人之间的差别既可能是天生的，也可能是受社会和文化因素影响形成的。这就要求想要设计成功体系的那些人——无论是新的法律、商业模式，还是网络平台、地方志愿者活动，他们首先要明白人是怎样一种合作性动物，以及人们实际所处的社会又是怎样的。如果我们想建立人与人合作的组织、技术体系或社会，那就要考虑所有这些动机，以及彼此之间复杂的互动。

当我们汇总和消化来自多个学科的关于人类动机的大量研究成果时，它们能帮助我们剥离出人类成功合作体系中的某些“杠杆”或要素。这样，我们就可以利用这些要素，激励在这样一种体系下工作的那些人为共同目标而努力，而不是以牺牲群体的利益为代价追求他们自身的利益。我们要把这些设计杠杆视为“通用翻译器”，利用它把研究和科学的语言翻译成实际应用的语言。我的意思不是说这里所列的这些“杠杆”总能发挥适当的作用，或者说存在于所有的活动和合作体系中。

不同的活动或不同的人员构成，必须利用这些杠杆的不同组合，才能收到良好的效果。例如，动员人们为灾区捐款的活动，主打一系列共同遵守的道德承诺和强烈的共情，就会收到很好的效果。而对于电话销售部门来说，为了让员工更好地服务客户，这样的诉求意义就不大了。但如果这个电话销售部门认识到了公平工资和员工自主性的重要性，那么，相对于利用技术手段严格监视工作环境的部门，或者激励体系完全采用物质奖励的部门，它的效果也要好很多。因此，在坚持灵活运用的原则下，根据我在本书中所引用的诸多证据，我认为下面这些“杠杆”是成功、实用的合作体系的必要组成部分。

沟通

在合作体系中，没有什么比参与者之间的沟通更重要的事情了。本书从头至尾都在告诉我们，当人们可以沟通时，他们就更能共情，更容易信赖别人。与彼此不相往来的人相比，他们也更容易找到解决方法。

框架、适合度和真实

我们已经知道，对境况的描述不同，人们对境况的反应也不同（回想一下华尔街或社区游戏）。如果你努力把一个明显的竞争型或剥削型体系描述为一个协作型体系，你就要在某些时候欺骗某些人。但为了让这一体系正常运转，你无法自始至终欺骗所有人。所以，框架与现实的适合度很重要。将一种行为或体系描述为协作型的，或者描述为一个“社区”，可以在一段时间内促进合作，但如果采用的说法不真实、不可信，合作就不会持久。

超越自我：共情和团结

我们已经知道，面对面的沟通以及彼此之间的真诚了解（相知程度越深越好），对合作可以产生实实在在、可衡量的影响。由于心理学和社会学方面的原因，我们越能与他人产生共情，越团结，就越有可能将他们的利益考虑进来。就像感受到与他人的共情和团结能让我们更愿意与他们合作一样，与某个群体的团结也能让我们更有可能为了集体的利益牺牲自己的利益。当然，这是一条复杂而又危险的道路，“群体内”的团结和“团体外”的不受重视之间的落差是一种潜在的危险。我们还要注意，不同的人会对不同的信息有反应，而且有迹象表明：在团结的重要性问题上，甚至还存在性别差异。总之，我们绝对不能忽视或拒绝承认团队认同和团队精神对促进人们合作的作用，当我们将它纳入某个体系的时候，也需要格外小心其可能产生的危险。

构建道德体系：公平、道德和社会行为规范

无论你是在设计一个商业模式、一家网站，还是一项法规，无论它的价值有多大，都不是事后评价的。公平不是指在实际做出决定后测算一下效率得到了怎样的改善，或者取得了哪些创新、生产率提高了多少。公平与有效的人类合作体系是密不可分的。我们在意公平，当我们相信自己居于其中的体系会公平地对待我们时，我们会更乐意有效地合作。

对于设计一项法规或者建立一个组织来说，这可能是最重要的发现。几十年来，主流经济学家纷纷向立法者、法官、企业领导人和管理顾问建言：要想制定出好的法律，或者建立好的组织结构，最重要的是“寻找恰当的激励”。但有关合作的研究结果却在不断告诉我们：**人们在意互动时的公平，但同样重要的是，人们对公平的在意超过了对互动结果本身的在意。这就是说，公平的体系才是富有成效的体系。而且，更为重要的是，“寻找恰当的激励”，即奖励与绩效完美匹配，并不像听起来的那么简单。**对我们所关注的每个绩效指标，任何一个体系都不可能进行全面的监督，因此，我们只好让内在动机来帮忙。为了让内在动机发挥作用，人们必须相信自身所处的体系是公平

的。也就是说，体系的结果是公平的，过程是公平的，体系内那些有决定权的人能公平地对待他们。公平是有效协作的前提条件。

我们也在意道德，我的意思并不是说我们都是谨小慎微的人。我们在意别人对自己的看法，即有关我们是不是“做正确的事情”的看法，而不论我们怎样理解“正确的事情”。对合作来说，明确定义的价值也至关重要。只需讨论、解释和强化在特定条件下做哪些事情才是正确或合乎道德的，就会让人们的行为更加靠近正确或合乎道德。这与实施一部正式、对违规行为进行惩罚的道德法规不是一回事儿。以色列幼儿园的例子告诉我们，当对晚来的父母进行罚款时，这些父母违反规则的时候反而更多。这就是说，惩罚带来的结果可能与预想的结果截然相反。此外，类似公平这样的道德，是不可能完全强制执行的。如果内心没有不伤害他人的道德禁令，我们就永远也不能和平共处，即使有再多的警察或监狱也无法建立秩序。

当然，这种道德承诺是相对稳定和普遍存在的，但其他道德承诺则会随境况、背景、时代和文化的不同而有所变化，这也是对合作体系来说为什么必须有一套法典的原因。这套法典，主要依靠社会规范而不是“规则”维持，并随时间发展具有良好的适应性。而且，它必须是透明的，这样一来，体系中的人或者参与互动的人就能够看到别人是怎么做的。这也可以强化社会行为规范，让人们更愿意遵守它们。倒不是因为他们害怕做错了事或者“不入流”，而是因为他们想做“正常”的事。大家还记得我在第 6 章介绍过的税收实验吧？还有那个音乐下载网站的例子：数千位歌迷选择支付的是他们认为“正常”的费用，实际上，他们这样做完全是出于自己的意愿。表述清晰的社会道德观念，能有效地帮助人们规范自己的行为，既不需要奖惩，也不需要监督与控制。

奖励与惩罚

所有事实都告诉我们，我们是在意别人的，或者说，我们在意怎样做才是正确和公平的，当然，我们也在意自己。很多人都会时不时地考虑自身的物质回报，也有些人任何时候都是这样。因此，奖励想要的行为和惩罚不想要的行为，在某些情况下能有效地促使人们共同努力，实现集体的目标。尽管本书一直都在强调，激励人们行动的动机远不止“胡萝卜与大棒”那么简单，但如果执行得好，奖励和惩罚还是挺管用的。问题是怎样才能找到一条途径，既能激励那些自利的人投身到合作中来，又不让那些主要受社会因素和内在因素驱动的人走开。

任何设计合作或者其他类型人类体系的人都不可能完全忽视物质激励。可是，人们必须要做出决定：究竟利用哪些物质激励因素以及如何利用。无论是实验结果，还是我在书中引用的“挤出效应”的许多例子，都在清楚地告诉我们：相对于惩罚来说，奖励更有可能发挥作用，因为惩罚会导致怨恨。即便是应得的惩罚，也会对长久的合作造成损害。刑事犯罪体系告诉我们，惩罚有时能维护秩序，但它也是一个容易失灵的脆弱工具。另一方面，奖励倒不会引发这样的不满，但它会把那些只追求自利、寻求奖励的人吸引过来，而排斥那些因多种内在原因而对合作感兴趣的人。

在商业领域，公司和组织在处理奖励和激励政策问题上的做法差别很大，这主要取决于组织类型以及组织内的人对社会和道德动机的敏感程度。社会性组织和非营利机构一般很少采用经济激励手段，而是采用社会和道德奖励，如在别人眼中是个好人或者做好事带来的内在满足感。学术界就是用社会和精神奖励代替经济奖励的一个很好的例子。华尔街的公司则恰恰与此相反，它们为看重物质利益的员工制定了“高绩效、高回报”的激励政策，从而保证了公司的利益。在这样的背景条件下，这样的激励政策会取得效果，但条件是工作成果能够精确、方便地测量，合作带给人们的收益也很低。

此外，公司必须在每个人的表现和绩效与公司集体绩效之间建立一种直接、稳定的关联关系。可是，如果工作存在很大的风险或者需要创新，或者需要大家一起合作，而大家的工作成果又不好监督和测量，比如专有技术、直觉、洞察力，或者更努力地工作，那么，基于激励的体系就会把不应该来的人吸引过来，这样的体系是不可能有好效果的。设计薪酬体系的关键是针对组织或公司可能招聘的员工类型，弄清楚哪些奖励对他们有可能是最重要的。

信誉、透明和互惠

合作离不开长期互惠，无论是直接的还是间接的。我们在第 1 章举了富兰克林的例子，那个例子很清楚地告诉我们：依赖于互惠的体系，特别是间接互惠或“把爱传出去”，是最有价值的，也最容易遭受破坏或“坏家伙的入侵”。信誉是我们对付这种恶行的有力工具。像 ebay 这样的网络体系告诉我们，尽管信誉体系基本上是匿名的，例如丝毫不暴露个人真实身份的“操作”，但它们足以让人们保持良好的秩序。

适合于多样性

我的基本观点是，驱动人类行为的动机有很多种。人与人之间的差别，就体现在我们对多种不同动机的不同反应上。就某个人来说，多种动机对他的影响与对别人的影响是不一样的，即每个人对多种动机驱动因素的反应是有差别的，不能简单相加，各种动机驱动因素的重要性也不是在任何背景条件下、任何时候都一样的。由于人类是多样化的，每个人与每个人都不一样，因此，如果想设计一个促使我们为集体利益而努力的体系，或者促进我们与他人合作、与他人协调一致的体系，就必须具备一定程度的灵活性。我们还需要明白：人类对合作的代价是敏感的，敏感度也会随时间而波动。一个依赖于重大自我牺牲的体系也许存在，但让这样一个体系永久地存在下去将非常困难，20 世纪德国进行的民族主义的重大实验就是最好的例证。我们不能再指望人们会为了集体利益而牺牲自身的利益了。

承认人类都在某种程度上存在自利倾向，并不意味着我们都是自私的机器人。那些充分利用人类众多动机的体系，不仅更有成效，而且与那些专门为在意物质回报的人设计的、让其他人逃离的体系相比，也更符合人们的需要。其中一个最好的做法是允许不对称贡献的存在，换句话说就是允许有些人贡献多一些，另外一些人贡献少一些。可是，要想做到这一点，系统内的人就不能再这样想了：不对称贡献就意味着有不劳而获者存在。现实生活中确实有这样的情况存在：有些人做了很多工作，可其他人的收益却一点也不比他们少。但实际情况往往与表面上看到的相去甚远。

如果某个人在维基百科或在自由软件开发项目上做了大量工作，他们的报酬不会比其他任何人多一分钱（如果真有报酬的话），也不对最终产品占有更大份额的所有权，但他们往往会得到其他方面的奖励，比如被大家尊称为领头人或者专家。80∶20 法则也适用于工作领域：它的意思是说，80% 的业绩或产出来源于 20% 的人。让剩下的 20% 来源于其他 80% 的人的最好方法，就是让他们少贡献一些，无论是时间、见解，还是金钱，而让 20% 贡献大的人因他们的贡献而产生慷慨、有价值、满意的感觉，并且不被“不劳而获者”所利用。我们甚至可以鼓励这些 80% 的人贡献更小一些，就像在大城市街角设点，只向过路人劝捐一便士（当然，如果有人想多捐献点钱，那就多捐好了）的慈善机构一样，这是让整体贡献与合作最大化的最好方式。让人们根据自己的意愿决定贡献多少的模式，也已成为成功的网络协作平台的一个标志。

几个世纪以来，我们一直都想弄明白：建立一个怎样的体系才能适合于真正的我们呢？我们一直在假设普遍自私的哲学方法和卢梭的“性善论”之间摇摆。关于人的天性和行为，富有经验的观察家试图兼收两种不同的观点。比如启蒙运动学者大卫·休谟和亚当·斯密，他们认为人类是有道德的生物，但又认为人类的经济和政府体系需要建立在普遍自利的假设基础上。

在过去的几百年里，很多人都在从科学理论中寻找支持他们思想的论据。赫伯特·斯宾塞搬出了达尔文来支持他的自由主义，彼得·克鲁泡特金则告诉我们进化有利于合作。现代科学——从生物学到人类行为的研究继承了这一传统。今天，我们正处于合作研究的大发展时期。过去 20 年间，致力于将科学引入实践的研究工作取得了大量成果。社会学、心理学、管理科学和计算机科学等领域的领头人，一直在研究如何将科学应用在体系建设上。这样建立的体系能够为了共同利益而充分利用好人类的多种动机。

关于应该怎样建立人类体系，我们已经争论了几百年，因为人类的动机从根本上说是多种多样的。我们知道自己有自私的一面，也知道自己有慷慨、追求公平和举止得体的一面。我们知道自己不是走极端的人，不会完全偏向这一面或完全偏向那一面。我们总能看到自己和他人表现出令人称赞的举止，也总能看到他人的自私行为。当然，我们自己也有自私行为，但并不总是那么显而易见。

很多前人不顾人类动机的多样性特点，提出了一些想当然的假设：建立只针对坏人和只考虑自身利益的体系，而其他人想怎么做就怎么做。大卫·休谟认为："设计政府体系时……应该假定每个人都是十足的恶人，不单单指私利，而是一切行为。"在250年后，小奥利佛·温德尔·霍姆斯大法官是这样说的："如果你只想知道法律而不想知道任何别的事情，你必须将法律视为一个坏人，他只关注他利用这些法律条文所能推断出的物质结果。而一个好人则不是这样的，他要为他的行为找理由，可能从法律上找，也可能到法律外找，全凭他的良心。"在他看来，针对"坏人"建立的法律、政府结构、业务流程和技术体系，面临的风险似乎都会小一些，至少不会发生最坏的情况。

合作洞察

总是以约束坏人为目标可能是一个比较安全的选择，但与以信任为基础的体系相比，这也会让我们失去很多。实际上，我们是相信别人的，我们的行为也是值得他人信赖的。尽管并不总是这样，也不是每个人都这样，但是，相对于"人性和人与人之间的互动都是见利忘义和不友善"的观点来说，这样的行为在现实中要多得多。这样做我们就能收到好结果，至少与我们谁也不相信相比，我们会做得更好。

我想告诉大家的是，当我们相信他人，对他人的信任给予报答的时候，我们既不是骗子，也不是天真的理想主义者。因为到目前为止，我们掌握的大量科研成果和观察数据都是支持我的这一观点的。按照这样一个思路，我试图告诉大家：合作怎样才能超越自利。也许并不是所有人在任何时候总能做到这一点，但与我们长期以来的一贯认识相比，这一观点与实际情况要吻合得多。

过去的 50 多年间，我们一直都在依据一个狭隘、不友善的人性观，思考着怎样把体系设计得更好。未来的 50 年，就让我们投身于极为复杂，但回报丰厚的体系设计事业吧。这样的体系适合于多种多样、复杂，但从总体上看又是公正、有道德、容易相处和仁慈的人。实际上，我们就是这样的人。

两次关于合作的对谈

我写作本书的想法，始于多年前我与他人进行的两次谈话。那时候，我的上一本书刚刚出版。那本书的内容涵盖了网络信息环境下 10 年来的研究成果。一个主要的观点是，像自由和开源软件或维基百科这样的大规模合作，并不是一个无关紧要的另类网络故事，相反，它们代表着重要的发展方向。只有沿着这个方向走下去，才能实现向网络社会和网络经济的转变。

我的第一次谈话是与维拉·弗朗兹（Vera Franz）进行的。她是开放社会研究所（Open Society Institute，OSI）的一位负责项目管理的官员。她问我能否帮助 OSI 思考一下怎样建立一个覆盖中欧和东欧的开放获取（open-access）的科学出版系统。这恰好就是我正在研究的课题——在线合作体系的建设。他们面临的困难是，不知道该怎样让科学家将他们的成果贡献给这个开放获取的出版系统，至少当时的情况是这样的。当我跟她谈论这件事情的时候，我意识到，我的工作（包括其他研究在线合作的工作）重点一直放在克服不信任上面。我们身居其中的学术和政策系统，完全被“自利的理性决定人的行为”这一观点束缚了，以至于我的工作完全局限在“解释”以下问题：为什么会产生在线合作？为什么它是这种新环境的稳定特征？为什么它对于网络社会的未来特别重要？而对于维拉提出的问题——“我需要做些什么才能让这个合作型组织运转起来呢”，我却没有花足够多的时间去思考。对我来说，就是在此时，我的关注点开始从对“为什么会产生在线合作”进行宏观解释，转向了“如何设计合作系统”。

第二次谈话是跟硅谷连续企业家塔拉·赖梅（Tara Lemmey）进行的。我们谈话的地点在赫尔辛基，时间在2月。塔拉问我：“为什么不给更多的读者写点东西呢？”确实，我的书不容易看懂，我的文章更不容易看懂。我说我喜欢这样。再说，还有那么多作者呢，他们会为更多的读者写书，每个人都要明白自己究竟擅长什么。塔拉看着我说：“跟做别的事情一样，这只是一种技能。你能学会新东西，你一直都是这样做的。也学学这个吧。”此后，她极尽所能地劝说我，我只好试试了。《网络财富》这本书是知识共享非商业性使用版权许可的，因为我想确保不会有人因为买不起而看不到它。塔拉解释说：“阻止人们得到它的障碍不止一个。”没错，相对于版权来说，不易读懂和学术论文写作规范是更大的障碍。它们只是在以不同的方式排除不同的人。正是因为有了这两次谈话，才有了《合作的财富》这本书。如果你确实发现这本比《网络财富》更具可读性，那么，你和我都要感谢兰登书屋/皇冠出版社（Random House/Crown）的塔莉亚·克鲁恩（Talia Krohn）和罗杰·肖勒（Roger Scholl），他们是本书的编辑。

与我一起开展研究的那些学生和同事，给我带来了非常好的运气，我们的研究成果就是本书的雏形。第一批学生来自我在耶鲁大学法学院教书时建立的一个研究小组。在耶鲁大学时，与我相处最久、对我的合作研究工作贡献最大的学生是大卫·坦嫩鲍姆（David Tannenbaum），他负责实验和理论经济学部分的研究工作。这个小组的希亚姆·加内什（Shyam Balganesh）、莎拉·福克纳（Sarah Faulkner）、安妮·黄（Anne Huang）、乔希·罗尔尼克（Josh Rolnick）和帕特里克·图米（Patrick Toomey）也做出了很了不起的贡献。利亚·贝尔斯基（Leah Belsky）和拜伦·卡尔（Byron Kahr）两人都是我在耶鲁大学法学院时的学生）、马克斯·贝克尔哈默（Max Berkelhammer）是南加大的地球科学博士、拜伦是“城市的进步”乐队成员，与他们几人的长期合作项目运作得特别好，最后的研究成果是音乐研究中的自愿支付，这也是本书第 6 章的重要内容。

当我 2007 年年底来到哈佛大学时，我还是非常幸运：戴夫·兰德（Dave Rand）和安娜·德瑞博（Anna Dreber）来到我的办公室，跟我讨论在线合作的事情。戴夫是哈佛大学马丁·诺瓦克进化动力学项目（Program on Evolutionary Dynamics，PED）的博士，安娜是斯德哥尔摩经济学院的经济学博士，当时正在访问 PED。这不仅是一次有趣的谈话，而且意义深远。随后，我们在研究工作上开展了一系列协作，并在哈佛大学伯克曼互联网与社会研究中心组织了一个以“合作”为主题的为期 3 年的研讨小组。研讨小组中聚集了一群最优秀的学生与同事，他们来自哈佛大学和波士顿的其他大学。他们的专业涉及进化生物学、计算机科学、心理学、社会学、工商管理、教育学和人类学，他们都积极参加研讨会，仅仅为了相互沟通和试着回答“你所说的‘合作’或者‘利他主义’究竟是什么意思”等问题，就花了不少时间。这是一段愉快的经历。除了戴夫和安娜，我从这个小组中的其他人身上也学到了很多东西，包括科比·盖尔（Kobi Gal）、马科·希尔（Mako Hill）、安德烈斯·蒙罗伊-埃尔南德斯（Andres Monroy-Hernandez）、托马斯·法伊弗（Thomas Pfeiffer）和菲弗·库什曼（Fiery Cushman）。

过去几年，我的大部分研究工作，特别是实验研究和在线实验平台的建设，得到了考夫曼基金会（Kauffman Foundation）提供给伯克曼法律实验室的资金支持。福特基金会（Ford Foundation）的支持对于在线和工业领域的合作观察研究发挥了重要作用。对于考夫曼基金会的资金支持，我要感谢鲍伯·利坦（Bob Litan），以及我的合作研究者约翰·克利平格（John Clippinger）和奥利弗·古迪纳夫（Oliver Goodenough）。我要向福特公司的莱昂纳多·柏拉马奎（Leonardo Burlamaqui）表达我的谢意，感谢他在以合作为主题的项目研究上所给予的支持。

阿伦·肖（Aaron Shaw）是我的合作研究小组中不可或缺的角色，他是加州大学伯克利分校的社会学博士，伯克曼互联网与社会中心的研究人员，也是我多年的合作者。他负责的一个研究小组主要研究在线合作的种类和模式，还有很多人参加了这个小组并贡献了很多优秀成果，他们是伊尔·格拉诺特（Yael Granot）、安娜·金（Anna Kim）、蒂姆·黄（Tim Hwang）、罗西娜（Roxanna）、艾莱特（Ayelet）和达哈斯塔·路德（Dharmishta Rood）。在工业合作的研究方面，卡罗莱娜·罗西尼（Carolina Rossini）的表现非常出色，他组建了一个研究人员网络，并在此基础上完成了很多重要的研究报告。对于这些协作研究工作，以及正在进行的还没有整合到本书中的众多协作研究工作，我要特别感谢劳拉·米亚科娃（Laura Miyakawa），她是万里挑一的项目经理，确保我的研究工作能够有条不紊地进行。

过去几年，我一直在努力分析和综合众多领域的大量素材，也因为有机会出席各地的各种研讨会而受益匪浅，从同事的深刻见解中也获益良多。在整个研究工作中，萨姆·鲍尔斯（Sam Bowles）一直给予我极大的鼓励。2004年，他邀请我去圣塔菲研究所参加关于行为和制度共同进化的多学科研讨会。他鼓励我从多个学科进行研究，这部涉及多学科的书稿的完成，很大程度上得益于萨姆·鲍尔斯的启发。我第一次发表关于人类合作体系总体框架的公开报告，是在2008年1月在夏威夷举行的系统科学国际会议上。邀请我参会的是约翰·西利·布朗（John Seely Brown），不论我什么时候见到他，他的眼里都透着想要颠覆一切的光芒。许多年来，他的智慧和洞见对我产生了无以估量的影响。

我非常幸运地参加了一个由邓肯·瓦茨（Duncan Watts）和迈克尔·卡恩斯（Micheal Kearns）组织的“大众生产和体系设计”工作小组，这个小组为我的研究工作提供了很多真知灼见。在2008年参加托宾项目（Tobin Project）会议时，我突然意识到，我可以将合作应用到法律体系的设计上，我非常感谢戴维·莫斯（David Moss）邀请我参加那个项目研讨会。2009年，我有幸跟戴维·帕克斯（David Parkes）一起组建了拉德克利夫研究院（Radcliffe Institute）“合作与人类体系设计”探索研讨小组，尝试着把研究非计算系统的人、研究计算机理设计的人和研究合作的人组织到一起。这个小组成了一个颇有影响的跨学科研究组织。某次在苏黎世进行的一次谈话，让我有机会从布鲁诺·弗雷（Bruno Frey）和斯蒂芬·贝克托尔德（Stephan Bechtold）那里获得极有价值的见解。

我在圣塔菲研究所的公开演讲力图把两方面都做好：既要让这些对所讲内容感兴趣、富有思想、非本专业的听众能听明白，又不会在自然科学和行为科学方面出错太多。听众一直坚持到演讲结束，而且没有打瞌睡，这是个好兆头。

在场的科学家们似乎也没有提出什么反对意见，这也是个好兆头。在这次谈话后，我有幸与戴维·克拉考尔（David Krakauer）和默里·格尔曼（Murray Gell-Mann）进行了交流。戴维·克拉考尔帮助我对进化生物学的一些内容进行了完善，默里·格尔曼帮我确认了演讲内容的大致框架。以后又会怎样呢？我们拭目以待。

译者后记

THE PENGUIN AND THE LEVIATHAN
How Cooperation Triumphs Over Self-Interest

人是天生自私，还是天生无私的呢？许久以来，人们都无法对这个问题给出一个圆满的答案。

哲学家托马斯·霍布斯认为，人是普遍自私的，管理人的唯一方法就是建立政府并由它对人们进行控制。亚当·斯密认为，人天生就是自私的，人的决策都是在权衡利弊之后做出的，我们在自由市场上的行为最终将给大家带来共同利益。尽管他们的表述相去甚远，但出发点是一样的：人类天生就是自私的。

但我们又该如何解释身边随处可见的利他行为呢？一方面，合作有5大进化机制：直接互惠、间接互惠、空间博弈、群体选择和亲缘选择等；另一方面，人类的行为动机也是多种多样的，有的人看重经济回报，有人看重他人的态度。从总体来说，合作是完全可以超越自利的。也许并不是所有人在任何时候都能做到这一点，但只要我们建立适宜的体系，创造适宜的条件，合作就会自然而然地显现。

就拿翻译这本书来说吧，我的许多好朋友都无私地奉献了他们的宝贵时间，帮我搜集素材，跟我探讨合作问题，并提出了很多有价值的建议。我在这里要向我的这些朋友们致以深深的谢意：赵凤山、葛丛梅、马加、高晓兰、杨振海、张新莲。如果他们需要我为他们做点什么的话，我一定会尽我所能，乐呵呵地为他们效劳。

在一个过于强调竞争的时代，让人们总是以合作的态度对待他人并不容易。但中华民族的古老文化“吃亏是福”“好人终有好报”所诠释的道理，不就是我们这里所说的合作吗?

每个人的内心都有善的一面，通过制度或者体系把人们善的一面发挥到极致，防止不利的制度或体系导致“挤出效应”出现，达成合作就是一件自然而然的事情了。

未来，属于终身学习者

我这辈子遇到的聪明人（来自各行各业的聪明人）没有不每天阅读的——没有，一个都没有。巴菲特读书之多，我读书之多，可能会让你感到吃惊。孩子们都笑话我。他们觉得我是一本长了两条腿的书。

——查理·芒格

互联网改变了信息连接的方式；指数型技术在迅速颠覆着现有的商业世界；人工智能已经开始抢占人类的工作岗位……

未来，到底需要什么样的人才？

改变命运唯一的策略是你要变成终身学习者。未来世界将不再需要单一的技能型人才，而是需要具备完善的知识结构、极强逻辑思考力和高感知力的复合型人才。优秀的人往往通过阅读建立足够强大的抽象思维能力，获得异于众人的思考和整合能力。未来，将属于终身学习者！而阅读必定和终身学习形影不离。

很多人读书，追求的是干货，寻求的是立刻行之有效的解决方案。其实这是一种留在舒适区的阅读方法。在这个充满不确定性的年代，答案不会简单地出现在书里，因为生活根本就没有标准确切的答案，你也不能期望过去的经验能解决未来的问题。

湛庐阅读APP：与最聪明的人共同进化

有人常常把成本支出的焦点放在书价上，把读完一本书当做阅读的终结。其实不然。

时间是读者付出的最大阅读成本
怎么读是读者面临的最大阅读障碍
“读书破万卷”不仅仅在“万”，更重要的是在“破”！

现在，我们构建了全新的“湛庐阅读”APP。它将成为你“破万卷”的新居所。在这里：

- 不用考虑读什么，你可以便捷找到纸书、有声书和各种声音产品；
- 你可以学会怎么读，你将发现集泛读、通读、精读于一体的阅读解决方案；
- 你会与作者、译者、专家、推荐人和阅读教练相遇，他们是优质思想的发源地；
- 你会与优秀的读者和终身学习者为伍，他们对阅读和学习有着持久的热情和源源不绝的内驱力。

从单一到复合，从知道到精通，从理解到创造，湛庐希望建立一个“与最聪明的人共同进化”的社区，成为人类先进思想交汇的聚集地，共同迎接未来。

与此同时，我们希望能够重新定义你的学习场景，让你随时随地收获有内容、有价值的思想，通过阅读实现终身学习。这是我们的使命和价值。

湛庐阅读APP玩转指南

湛庐阅读APP结构图：

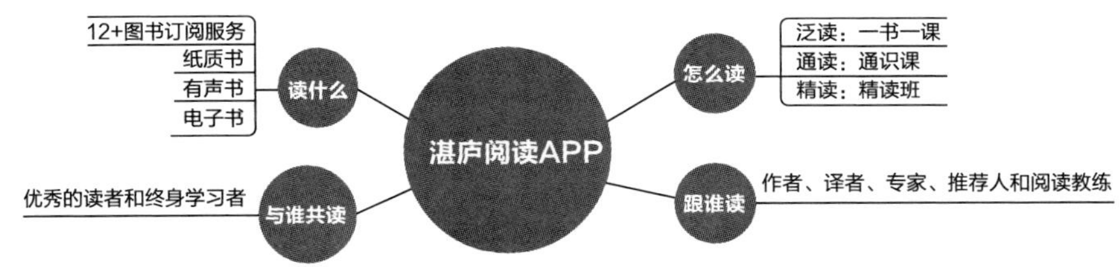

三步玩转湛庐阅读APP：

APP获取方式：
安卓用户前往各大应用市场、苹果用户前往APP Store
直接下载“湛庐阅读”APP，与最聪明的人共同进化！

使用APP扫一扫功能，遇见书里书外更大的世界！

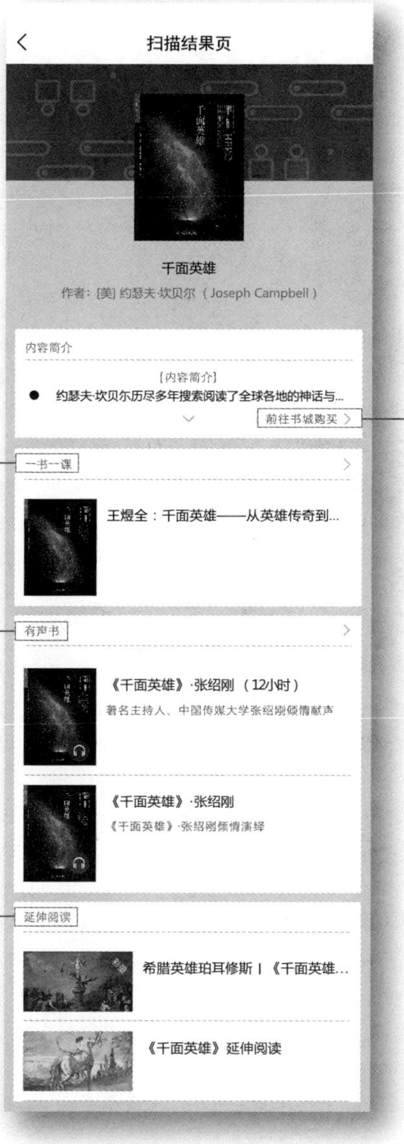

扫描结果页

千面英雄

作者：[美] 约瑟夫·坎贝尔（Joseph Campbell）

内容简介

【内容简介】

● 约瑟夫·坎贝尔历尽多年搜索阅读了全球各地的神话与...

前往书城购买 >

快速了解本书内容，
湛庐千册图书一键购买！

一书一课

王煜全：千面英雄——从英雄传奇到...

大咖优质课、
献声朗读全本一键了解，
为你读书、讲书、拆书！

有声书

《千面英雄》·张绍刚（12小时）

著名主持人、中国传媒大学张绍刚倾情献声

《千面英雄》·张绍刚

《千面英雄》·张绍刚倾情演绎

你想知道的彩蛋
和本书更多知识、资讯，
尽在延伸阅读！

延伸阅读

希腊英雄珀耳修斯丨《千面英雄...

《千面英雄》延伸阅读

延伸阅读

《小米之道》

◎“互联网先知”，共享经济、自媒体预言者克莱·舍基，继《认知盈余》《人人时代》后，聚焦风口上的小米。

◎ 附多篇雷军内部讲话，详细解读成功完成“筑底”后小米的全新商业模式。

◎ 资深科技商业观察家金错刀、润米咨询创始人刘润作序推荐。

《大连接》

◎ TED 大会演讲人尼古拉斯·克里斯塔基斯作品，社会网络研究必读之作。

◎ 三度影响力，社会网络的强连接原则。

◎ 继六度分隔之后，社会网络研究领域最具影响力的发现。

《认知盈余》（经典版）

◎ 腾讯掌门人马化腾亲笔作序。

◎ 克莱·舍基继《人人时代》之后最新力作。

◎ 当每个人的自由时间累积成强大的共享资源，每个人都将是这个慷慨时代的设计者和参与者。

《人人时代》（经典版）

◎ 全球思想家正在读的 20 本书之一。

◎“互联网革命最伟大的思考者”克莱·舍基最经典作品《未来是湿的》再版升级。

◎ 21 世纪最有价值的未来学读本，获选《商业周刊》最佳商业书籍。

图书在版编目（CIP）数据

合作的财富 /（美）本科勒著；简学译 . —杭州：浙江人民出版社，2018.3

ISBN 978-7-213-08523-9

Ⅰ. ①合… Ⅱ. ①本… ②简… Ⅲ. ①经济合作－研究 Ⅳ. ① F114.4

中国版本图书馆 CIP 数据核字（2017）第 312999 号

上架指导：网络经济 / 网络趋势

合作的财富

[美] 尤查 · 本科勒　著
简　学　译

出版发行：浙江人民出版社（杭州体育场路 347 号　邮编　310006）
市场部电话：（0571）85061682　85176516
集团网址：浙江出版联合集团　http://www.zjcb.com
责任编辑：朱丽芳
责任校对：戴文英
印　　刷：石家庄继文印刷有限公司
开　　本：720mm × 965mm 1/16　　印　　张：17.75
字　　数：17.9 万　　插　　页：3
版　　次：2018 年 3 月第 1 版　　印　　次：2018 年 3 月第 1 次印刷
书　　号：ISBN 978-7-213-08523-9
定　　价：72.90 元

如发现印装质量问题，影响阅读，请与市场部联系调换。